1 Ernährung bei PKU

Diese Empfehlungen bitte immer mit Ernährungsberater/in, Arzt oder Diätologen/in absprechen! Die Rezepte und Zutatenlisten unterstützen die medizinischen Therapien.

Die Kalorienangaben frischer Zutaten (Obst und Gemüse) und die Inhaltsstoffe schwanken je nach Qualität und Erntezeit. Die Inhalte wurden von einer Diätologin und einer Ernährungsberaterin für die Traditionelle Chinesische Medizin (TCM) geprüft.

Autor:
©2022 Josef Miligui
Liebe Leserinnen und Leser, ich wünsche Ihnen viel Erfolg und gutes Gelingen bei der Umstellung Ihrer Ernährung. Dieses Buch wurde aus eigener Erfahrung mit Krankheit und Ernährung geschrieben und ich habe schon immer das Zubereiten guter Speisen geschätzt. Wenn Sie nicht so geübt sind im Kochen, empfiehlt sich ein Kurs bei Ernährungsberatern oder Diätologen, die Ihnen die Grundlagen der Kochmethoden sowie die richtige Verarbeitung der Zutaten vermitteln können. Anhand der Lebensmittellisten aus diesem Buch können Sie weitere Rezepte entwickeln und entdecken.

Quelle:
Die Listen werden aus der EBNS-Datenbank für die Ernährungsberatung generiert. Die Datenbank wird von Ernährungsberater, Therapeuten und Ärzte für die Beratung der Patienten/Klienten verwendet und ermöglicht eine Kombination mehrerer Syndrome.

Literaturliste:
Wir haben die Unterlagen als Wissensbasis genutzt und an unsere Erfahrungen angepasst und ergänzt.
www.ebns.at

Herstellung und Verlag:
BoD – Books on Demand, Norderstedt
ISBN: 9783741286209

DIÄTETIK - spezielle Krankheiten - Phenylketonurie PKU
(Buch: 037)

1	Ernährung bei PKU	1
1.1	Vorwort	3
1.2	Beschreibung	6
1.3	Therapiestrategie	7
1.4	Vermeiden	7
2	Speiseplan	8
2.1	Frühstück	8
2.2	Jause	8
2.3	Mittag	8
2.4	Nachmittag	9
2.5	Abend	9
3	Rezepte	11
3.1	Antipasti	11
3.2	Apfel-Bananen-Creme	12
3.3	Apfelmus mit Rosinen	12
3.4	Aprikosen-Preiselbeer-Eis	13
3.5	Baby Frühlingsgemüse	14
3.6	Birnensaft	14
3.7	Blitzschnelle Zucchinisuppe	15
3.8	Brennnessel mit Mangold Suppe	15
3.9	Brokkolicrèmesuppe	16
3.10	Chicoréesalat mit Orangen und Grapefruit	17
3.11	Cranberrisaft	18
3.12	Erdbeer-Bananen-Mark	18
3.13	Erdbeersuppe mit Melonen	19
3.14	Fenchel-Reissuppe	19
3.15	Fruchtsuppe mit Kirschen, Logane und Lychee	20
3.16	Gemüse-Miso-Suppe mit Tofu	20
3.17	Gemüsesaft	21
3.18	Geriebener Apfel	22
3.19	Grundrezept für eine nahrhafte Gemüsebrühe	22
3.20	Grundrezept für eine Reissuppe (Congee)	23
3.21	Gurkensalat	24
3.22	Gurkensuppe	24
3.23	Heidelbeermus	25
3.24	Japanische Algensuppe	25
3.25	Karotten- Reisschleimsuppe	26
3.26	Karottenrohkost	27
3.27	Kartoffel-Basilikumsuppe	27

3.28	Kompott aus Äpfeln	28
3.29	Kompott aus einheimischem Obst und Trockenfrüchten	29
3.30	Kompott aus Kirschen	29
3.31	Kompott aus Rhabarber	30
3.32	Kürbissuppe	30
3.33	Reis-Congee mit Karotten und Fenchel	31
3.34	Reis-Congee mit Trockenfrüchten	32
3.35	Rhabarber-Apfel-Grütze	32
3.36	Rucolasalat mit Tomaten	33
3.37	Sellerie-Kartoffel-Cremesuppe	34
3.38	Selleriesalat mit Zitrone und Olivenöl	35
3.39	Spinat mit Sesammus (Tahin)	35
3.40	Tee aus Basilikum	36
3.41	Tee aus Grüntee	36
3.42	Tee aus Schwarztee (Russischer Tee)	37
3.43	Tomatensuppe	37
3.44	Vitamindrink	38
3.45	Wärmende Karottensuppe	39
4	Wirkung der Lebensmittel	40
4.1	Zutaten verwenden: empfehlenswert	40
4.2	Zutaten verwenden: ja	40
4.3	Zutaten verwenden: wenig	44
4.4	Kontraindikativ wirkende Lebensmittel nicht verwenden	44
5	Komplementär	48
5.1	Heil-Tee (Aufguss)	48
5.1.1	Schafgarbe	48
5.2	Komplementäre Anwendung	48
5.2.1	Apitherapie	48
5.3	Speisezugabe	49
5.3.1	Oregano frisch	49
6	Grundlagen der Ernährung	50
6.1	Ernährung	50
6.2	Rezepte	52
6.3	Lebensmittel	53
6.4	Kräuter	54
7	Weitere Ernährungsvorschläge	55

1.1 Vorwort

Die Weltgesundheitsorganisation (WHO) davon spricht, dass bis zu 80% der Erkrankungen durch äußere Faktoren wie Ernährung, Lebensstil, Umweltgifte und dergleichen beeinflusst werden.

Welche Faktoren also jeder einzelne von uns aktiv beeinflussen kann und somit seine Chancen auf Erhöhung der allgemein Gesundheit erzielen kann, darum geht es auf den folgenden Seiten.

Der Fokus in diesem Buch liegt auf dem Faktor mit der größten Hebelwirkung - der Ernährung.
Schon Hippokrates hat einst gesagt "Lass die Nahrung deine Medizin sein und Medizin deine Nahrung!" Kräuterpädagog:innen heute sagen so: "Es gibt für jede Krankheit das richtige Kraut."

Egal wie wir es drehen und wenden, wir sind was wir essen (und was unser Essen gegessen hat). Der moderne Mensch sieht sich gerne isoliert von seiner Umwelt. Wir entstehen aus unserer Umwelt, wir leben inmitten von ihr und wenn wir sterben gehen wir wieder in unsere Umwelt über. Während wir leben essen wir das, was in unserer Umwelt wächst (oder in Fabriken chemisch erzeugt wird). Diese Nahrung liefert die Energie und Bausteine, für den eigenen Körper, für den Stoffwechsel, Zellerneuerung, den Hormonhaushalt und damit für unser gesamtes Sein, die Gesundheit und unser Empfinden.

Hier ein paar Grundbausteine, bevor in dem Buch noch näher auf Ernährungsfaktoren eingegangen wird, die sozusagen der kleinste gemeinsame Nenner der meisten Ernährungsphilosophien sind:

- Saisonalität
    - Winterpflanzen, wie zum Beispiel verschiedene Kohlgewächse, versorgen uns mit Unmengen von Vitamin C und Bitterstoffen. Zwei Faktoren, die unser Immunsystem bei der Abwehr von der Kälte und den typischen Infekten in der Winterzeit unterstützen.
    - Sommerpflanzen wie zum Beispiel Gurken, Tomaten aber auch Zitrusfrüchte kühlen unseren aufgeheizten Körper und versorgen uns mit viel Wasser.
    - Außerdem müssen bei saisonalen Pflanzen weniger chemische Helferlein eingesetzt werden, da die passenden Umweltfaktoren das Wachstum sowieso fördern.
- Regionalität
    - Damit einher geht auch der Faktor der Regionalität. Regionale pflanzliche Lebensmittel werden reif geerntet und haben somit alle Nährstoffe entwickeln können. Im

Gegensatz dazu wird Obst und Gemüse aus ferneren Ländern unreif geerntet und nur durch den Einsatz von chemischen Mitteln unnatürlich "nachgereift" - bzw. nur nach-gefärbt. Die Dichte der Nährstoffe und auch der Geschmack kann dabei niemals mit regionalen Lebensmitteln mithalten. (Sie haben es vielleicht schon selber erlebt, dass eine Südfrucht aus dem jeweiligen Ursprungsland dort im Urlaub viel süßer und vollmundiger schmeckt als die gleiche Frucht aus dem zentraleuropäischen Supermarkt).

- Pflanzenbasierte Ernährung
  - Ja, diese Basis teilen selbst die Anhänger der Fleischdiät mit den Veganern. Denn bei der Fleischdiät geht es auch um Fleisch von Tieren, die sich artgerecht, sprich von vielen Gräsern und Kräutern ernährt haben. Die Masse an Getreide in der heutigen Ernährung - egal ob bei Mensch oder Tier - entspricht nicht der natürlichen Ernährungsweise. Sie macht uns krank, dick und manche behaupten sogar dumm (das weist auf die Schädigung der neuronalen Netzwerke hin, die durch den Konsum von Kohlenhydraten passiert hin). Pflanzen im Sinne von Gemüse, Kräutern, Salaten, Sprossen, in geringen Mengen Obst, Nüsse, Samen, etc. liefern neben den viel beschriebenen Vitaminen und Mineralstoffen vor allem sekundäre Pflanzenstoffe, die herausragende Heilwirkung haben. So werden eine Vielzahl unserer Medikamente auf Basis der natürlich vorkommenden Pflanzenstoffe nachgebaut. Allerdings sind da diverse Säuren und andere Wirkstoffe extrahiert und wirken nur alleine - mit den Pflanzen selbst nehmen wir sie in einer reichhaltigen und sich gegenseitig verstärkenden Kombination vielerlei wirksamer Stoffe zu uns.

Ja zusätzlich zu diesen 3 großen Punkten gibt es immer noch sehr viel zu beachten. Ein optimales Verhältnis von Omega 3 zu Omega 6 Fettsäuren (empfohlen wird 1:3), eine individuell und situationsbedingte Eiweißversorgung und so weiter.

Eine ganz gute und einfache Richtlinie für die alltägliche Ernährung bietet der ideale Teller. Der sieht so aus, dass möglichst jede Mahlzeit zur Hälfte aus pflanzlichen Bestandteilen besteht, ein Viertel der Eiweißversorgung dient und ein Viertel die Mahlzeit durch gute Fette und eventuell Kohlenhydrate abrundet.

Die Feinjustierung rund um die Zubereitungsarten, die Zusammenstellungen und so weiter sehe ich als sehr individuell an. Es gibt meines Erachtens nicht die 1 perfekte Ernährung. Es gibt so viele großartige Philosophien und Studien, die alle wunderbare Heilungen berichten und sich dabei aber gegenseitig ausschließen. Was auf den ersten Blick vielleicht paradox wirkt, eröffnet bei näherer Betrachtung ganz viele Möglichkeiten des Probierens und neuer Chancen.

Neben der Ernährung werden noch folgende Faktoren genannt:
- die Giftstoffbelastung in unserer Umwelt sowie in Pflegeprodukten oder eben in der Ernährung
- eine Balance aus Aktivität, (kurzzeitigem) Stress und der Entspannung wie auch Schlaf
- Aufarbeitung der emotionalen Wunden aus der Vergangenheit und Steigerung der Resilienz
- Biologische Zahnheilkunde
- eine optimierte Versorgung durch Heilkräuter, Heilpilze udgl.
- Früherkennung durch bewährte und schonende Verfahren

1.2 Beschreibung

Angeborene Störung des Eiweißstoffwechsels. Ein Enzymmangel verhindert den vollständigen Abbau der Aminosäure Phenylalanin zu Tyrosin. Phenylalanin und toxische Zwischenabbauprodukte (Ketone) sammeln sich im Blut des Erkrankten an. Diese schädigen in größeren Mengen die Gehirnzellen des Kindes, ins besonders, solange die Gehirnentwicklung noch nicht abgeschlossen ist.
Diagnose: Die Verdachtsdiagnose PKU wird durch eine Blutkontrolle gestellt. Bei Klinikgeburten wird dieser Test routinemäßig durchgeführt. Bei Verdacht muss eine Spezialuntersuchung des Blutes erfolgen.
Erkenntnisse: Seit einigen Jahren gilt die Empfehlung, diese Diät lebenslang einzuhalten. Erhöhte Blutspiegel an Phenylalanin beeinträchtigen auch noch in der Adoleszenz und bei Erwachsenen Leistung und Konzentration negativ.
Besteht jedoch bei PKU-Frauen Kinderwunsch, ist die Diät schon vor der geplanten Schwangerschaft wieder sehr streng einzuhalten, um eine Schädigung des Embryos im Mutterleib zu verhindern.

1.3 Therapiestrategie

Phenylalanin (Phe) kommt in allen eiweißhaltigen Lebensmitteln vor und ist eine essenzielle Aminosäure. In individuell abgestimmter Menge können deshalb auch PKU-Betroffene Phenylalanin mit der Nahrung aufnehmen. Diese Menge wird durch regelmäßige Kontrollen von der Diätologin festgelegt und darf durch die tägliche Kost nicht überschritten werden. Jedes Ph-haltige Lebensmittel muss in der Diät ausgerechnet werden. Im Prinzip entspricht die phenylalaninarme Ernährung einer streng eiweißarmen Diät. Eiweiß ist aber im Kindesalter besonders notwendig. Mit einem Spezialgemisch aus Aminosäuren, Vitaminen und Mineralstoffen werden die fehlenden Stoffe bei PKU substituiert.
Um PKU-Betroffenen die Einhaltung der Diät zu erleichtern, gibt es eiweißarme (Ph-arme) Spezialprodukte. Diese sichern
ein ausreichendes Angebot an Grundnahrungsmitteln.
Geeignete Lebensmittel in der phenylalaninarme Diät
- Eiweißarme Diätprodukte: Brot, Gebäck, Mehlmischungen, Spezialgrieß, Teigwaren
- Obst, Gemüse
- Butter, Margarine, Obers
- Kartoffeln
- Konfitüre, Gelee
Diese Lebensmittel enthalten wenig Eiweiß. Der Ph-Gehalt ist definiert und kann aus Lebensmittellisten entnommen und in den Diätplan eingerechnet werden.
Ebenfalls geeignet sind Lebensmittel ohne Phenylalanin wie
- Zucker, Traubenzucker, Honig
- Öl, Frittierfette, reine Fette
- Drops, Lutscher
- Limonade, Cola, Mineralwasser, Tee, Kaffee

1.4 Vermeiden

Eiweißreiche, phenylalaninreiche Produkte
- Milch und Milchprodukte
- Fleisch, Fisch, Wurst
- Vollkornprodukte, Brot, Zwieback, Teigwaren, Nährmittel (Hafer, Reis, Mehl), herkömmliche Backwaren Hülsenfrüchte, Soja, Nüsse, Schokolade, Eier

2 Speiseplan

Kkal. p. Portion

2.1 Frühstück

Apfelmus mit Rosinen	73,6
Birnensaft	180,0
Cranberrisaft	43,5
Fenchel-Reissuppe	155,9
Fruchtsuppe mit Kirschen, Logane und Lychee	189,5
Gemüse-Miso-Suppe mit Tofu	107,0
Geriebener Apfel	120,0
Gurkensuppe	95,7
Heidelbeermus	10,9
Karotten- Reisschleimsuppe	101,0
Kartoffel-Basilikumsuppe	95,6
Kompott aus einheimischem Obst und Trockenfrüchten	45,0
Reis-Congee mit Karotten und Fenchel	131,6
Reis-Congee mit Trockenfrüchten	210,0
Rhabarber-Apfel-Grütze	180,0
Rucolasalat mit Tomaten	129,0
Tee aus Basilikum	0,1
Tee aus Grüntee	3,0
Tee aus Schwarztee (Russischer Tee)	7,9
Vitamindrink	172,1

2.2 Jause

Apfel-Bananen-Creme	110,4
Baby Frühlingsgemüse	63,9
Karottenrohkost	74,0

2.3 Mittag

Antipasti	100,1
Apfelmus mit Rosinen	73,6
Aprikosen-Preiselbeer-Eis	106,6
Baby Frühlingsgemüse	63,9
Birnensaft	180,0
Blitzschnelle Zucchinisuppe	41,9
Brennnessel mit Mangold Suppe	52,1
Brokkolicrèmesuppe	98,0
Chicoréesalat mit Orangen und Grapefruit	236,0

Cranberrisaft ... 43,5
Erdbeersuppe mit Melonen ... 87,0
Fenchel-Reissuppe ... 155,9
Fruchtsuppe mit Kirschen, Logane und Lychee ... 189,5
Gemüse-Miso-Suppe mit Tofu ... 107,0
Geriebener Apfel ... 120,0
Gurkensalat ... 27,0
Gurkensuppe ... 95,7
Heidelbeermus ... 10,9
Japanische Algensuppe ... 47,3
Karotten- Reisschleimsuppe ... 101,0
Kartoffel-Basilikumsuppe ... 95,6
Kompott aus Kirschen ... 31,5
Kompott aus Rhabarber ... 48,2
Kürbissuppe ... 104,7
Reis-Congee mit Karotten und Fenchel ... 131,6
Reis-Congee mit Trockenfrüchten ... 210,0
Rhabarber-Apfel-Grütze ... 180,0
Rucolasalat mit Tomaten ... 129,0
Sellerie-Kartoffel-Cremesuppe ... 112,9
Selleriesalat mit Zitrone und Olivenöl ... 402,0
Spinat mit Sesammus (Tahin) ... 150,0
Tee aus Basilikum ... 0,1
Tee aus Grüntee ... 3,0
Tee aus Schwarztee (Russischer Tee) ... 7,9
Tomatensuppe ... 100,5
Vitamindrink ... 172,1
Wärmende Karottensuppe ... 133,4

2.4 Nachmittag

Apfel-Bananen-Creme ... 110,4
Karottenrohkost ... 74,0

2.5 Abend

Apfelmus mit Rosinen ... 73,6
Aprikosen-Preiselbeer-Eis ... 106,6
Baby Frühlingsgemüse ... 63,9
Birnensaft ... 180,0
Blitzschnelle Zucchinisuppe ... 41,9
Brokkolicrèmesuppe ... 98,0
Cranberrisaft ... 43,5
Erdbeersuppe mit Melonen ... 87,0

Fenchel-Reissuppe	155,9
Gemüse-Miso-Suppe mit Tofu	107,0
Geriebener Apfel	120,0
Heidelbeermus	10,9
Japanische Algensuppe	47,3
Kartoffel-Basilikumsuppe	95,6
Kompott aus Äpfeln	67,3
Kürbissuppe	104,7
Rucolasalat mit Tomaten	129,0
Sellerie-Kartoffel-Cremesuppe	112,9
Selleriesalat mit Zitrone und Olivenöl	402,0
Spinat mit Sesammus (Tahin)	150,0
Tee aus Basilikum	0,1
Tomatensuppe	100,5
Vitamindrink	172,1
Wärmende Karottensuppe	133,4

3 Rezepte

empfehlenswert = Sie können mehr verwenden
wenig = wenn möglich weniger verwenden
weniger als angegeben = möglichst nicht verwenden

3.1 Antipasti

Fördert Durchblutung, lindert Entzündungen und Schmerzen, harntreibend, senkt Blutdruck, antioxidativ, antibakteriell, regt Kreislauf an. Hilft bei: Appetitlosigkeit, Magen- und Verdauungsschwäche, Blähungen.

Anzahl Portionen: 3
Kalorien p. Portion 100
Gramm p. Portion 246,83
Kochdauer ca. 40 min.
(Kohlehydrat:53,79% / Eiweiß & Fett:46,21%)
100g.≈ Eiweiß 2,75g. Fett:5,61g.
µg. - Ph:7,93 Na:1,08 Ka:67,5 Mg:5,14 Ca:7,21 Fe:0,24 Zn:0,03 Col.:0 Hsr.:5,8

Zutaten:
Peperoni 1 Stück / 5g. (ja)
Zitrone Saft 1 EL / 10g. (ja)
Aubergine 1 Stück / 300g. (ja)
Tomate 4 Stück / 200g. (empfehlenswert)
Zucchini 200 g. / 200g. (empfehlenswert)
Zitrone Schale 1/2 Stück / 3g. (ja)
Olivenöl 1 EL / 15g. (ja)
Basilikum (frisch) 8 Blätter / 5g. (ja)
Salz 1 Prise / 0,5g. (wenig)
Koriander 1/2 TL / 2g. (ja)

Kochanleitung:
Peperoni im Ofen bei 250 Grad backen, bis die Schale dunkel wird (ca. 20 Min.). Die Peperoni abdecken und auskühlen lassen, häuten und in ca. 2 cm breite Streifen schneiden. Tomaten halbieren und gemeinsam mit den in Scheiben geschnittenen Auberginen mit Öl bestreichen und im Ofen bei 200 Grad goldbraun backen (ca. 10 Min.).
Zucchinischeiben in Grillpfanne (ohne Fett) anbraten. Alles zusammen anrichten, die Marinade aus Olivenöl, Salz und Zitronenschale mischen und über das Gemüse gießen. Mit Koriander bestreuen und 1 Std. ziehen lassen.

3.2 Apfel-Bananen-Creme

Reguliert Magen-Darm-Funktion, liefert Vitamin C, cholesterinsenkend, entzündungshemmend, harntreibend, fördert Durchblutung.

Anzahl Portionen: 4
Kalorien p. Portion 110
Gramm p. Portion 206,25
Kochdauer ca. 15 Min.
(Kohlehydrat:94,44% / Eiweiß & Fett:5,56%)
100g.≈ Eiweiß 0,84g. Fett:0,51g.
µg. - Ph:3,01 Na:0,49 Ka:38,02 Mg:2,73 Ca:2,25 Fe:0,1 Zn:0,01 Col.:0 Hsr.:3,19

Zutaten:
Apfel (sauer) 400 g. / 400g. (empfehlenswert)
Wasser 200 ml. / 200g. (ja)
Orange Schale 1/4 Stück / 5g. (ja)
Zitrone Schale 1/2 Stück / 2g. (ja)
Zucker braun 2 TL / 6g. (wenig)
Zimtstange 1 Stück / 0g. (ja)
Banane 1 Stück / 150g. (ja)
Acerola Fruchtnektar oder Pulver 1 TL / 2g. (ja)
Orangensaft 1/2 Stück / 50g. (ja)
Zitrone Saft 1 EL / 10g. (ja)

Kochanleitung:
Apfel in feine Spalten schneiden, mit Wasser, Orangen- und Zitronenschale, Zucker und Zimt zum Kochen bringen und ca. 7 Min. köcheln lassen. Die Äpfel sollen fast weich sein. Acerola zufügen und Zimtstange entfernen. Mit dem Mixstab Apfel, Banane, Orangen- und Zitronensaft fein pürieren.

3.3 Apfelmus mit Rosinen

Stoppt Durchfall, fördert Verdauung, Appetit anregend, aktiviert den Kohlenhydratstoffwechsel.

Anzahl Portionen: 10
Kalorien p. Portion 74
Gramm p. Portion 115
Kochdauer ca. 25 Min.
Allergene: O
(Kohlehydrat:95,67% / Eiweiß & Fett:4,33%)
100g.≈ Eiweiß 0,32g. Fett:0,43g.
µg. - Ph:1,43 Na:0,36 Ka:15,92 Mg:0,6 Ca:0,79 Fe:0,04 Zn:0 Col.:0 Hsr.:1,39

Zutaten:
Apfel (süß) 1 Kg / 1000g. (empfehlenswert)
Wasser 100 ml. / 100g. (ja)
Rosinen 50 g. / 50g. (ja)

Kochanleitung:
Die Äpfel waschen, schälen, vierteln und dabei das Kerngehäuse entfernen. Mit dem Wasser in einen Topf geben und die mit heißem Wasser abgewaschenen Rosinen dazugeben. Bei schwacher Hitze etwa 10 Min. dünsten und abkühlen lassen. Mit dem Kartoffelstampfer zerdrücken. In Tiefkühlbeutel oder leere Joghurtbecher füllen und verschließen. Im Tiefkühlfach einfrieren und bei Bedarf bei Zimmertemperatur etwa 6 Std. auftauen lassen (ca. 4 Monate haltbar). Das Obstmus ist als Nachtisch oder Zwischenmahlzeit gedacht. Es wirkt verdauungsfördernd. Bei Durchfall lieber Bananenmus geben.

3.4 Aprikosen-Preiselbeer-Eis

Erhöht Widerstandskraft gegen Infektionen, gut bei Mundschleimhautentzündung und Durchfall. Wirkt positiv auf Harnwegsorgane.
Anzahl Portionen: 2
Kalorien p. Portion   107
Gramm p. Portion   222,5
Kochdauer ca.   5 Min.
(Kohlehydrat:90,83% / Eiweiß & Fett:9,17%)
100g.≈ Eiweiß 1,91g. Fett:0,48g.
µg. - Ph:7,98 Na:0,94 Ka:107,17 Mg:4,69 Ca:8,02 Fe:0,03 Zn:0,01 Col.:0 Hsr.:8,57

Zutaten:
Marillen 350 g. / 350g. (ja)
Wasser 50 ml. / 50g. (ja)
Preiselbeere 3 EL / 45g. (empfehlenswert)

Kochanleitung:
Aprikosensaft mit dem Preiselbeersirup vermischen. Den Saft in Schleckeis-Förmchen füllen, ins Tiefkühlfach stellen und in ca. 3 Std. gefrieren lassen.

3.5 Baby Frühlingsgemüse

Harntreibend, unterstützt die Verdauung, harmonisiert Magen und Darm, leitet Darmwinde ab, bakterizid, stärkt Immunsystem.

Anzahl Portionen: 8
Kalorien p. Portion   64
Gramm p. Portion   143,12
Kochdauer ca.   1 1/2 Stunden
Allergene: G
(Kohlehydrat:67,96% / Eiweiß & Fett:32,04%)
100g.≈ Eiweiß 1,96g. Fett:2,27g.
µg. - Ph:4,69 Na:3,35 Ka:28,47 Mg:3,02 Ca:6,1 Fe:0,15 Zn:0,01 Col.:0,07 Hsr.:2,73

Zutaten:
Karotte (Mohrrübe, Möhre) 500 g. / 500g. (empfehlenswert)
Kohlrabi 500 g. / 500g. (empfehlenswert)
Butter Bio 2 EL / 20g. (ja)
Wasser 125 ml. / 125g. (ja)

Kochanleitung:
Das Gemüse gründlich waschen. Karotten und Kohlrabi putzen und schälen. Von den Kohlrabi einige zarte Blätter fein hacken und beiseite legen. Die Karotten und die Kohlrabi grob raspeln. Die Butter zerlassen, Wasser und Gemüse zugeben und bei mittlerer Hitze etwa 30 Min. garen. Dabei ab und zu umrühren. Das Gemüse samt Kochflüssigkeit auf etwa 8 Tiefkühlbeutel zu Portionen à 100-150 g (je nach Alter des Kindes) verteilen. Die Beutel verschließen, ganz abkühlen lassen und einfrieren (etwa 3 Monate haltbar). Bei Bedarf auftauen lassen, aufkochen und mit 80 g Pellkartoffeln und einem Ei vermischen. Das Rezept kann einfach variiert werden, wenn man Blumenkohl, Erbsen oder Zucchini verwendet.

3.6 Birnensaft

Fördert Verdauung, harntreibend.

Anzahl Portionen: 2
Kalorien p. Portion   180
Gramm p. Portion   300
Kochdauer ca.   5 min.
(Kohlehydrat:93,06% / Eiweiß & Fett:6,94%)
100g.≈ Eiweiß 1,8g. Fett:1,2g.
µg. - Ph:7,5 Na:1 Ka:62,5 Mg:3,5 Ca:4,5 Fe:0,15 Zn:0,05 Col.:0 Hsr.:7,5

Zutaten:
Birne 3 Stück / 600g. (empfehlenswert)

Kochanleitung:
Bio-Birnen mit Schale (Vitamine sind vor allem unter der Schale) vierteln, entkernen und in der Saftpresse entsaften.

3.7 Blitzschnelle Zucchinisuppe

Harntreibend, stärkt Magen-Darm-Funktion, erweitert Blutgefäße, bakterizid, beugt Krebs vor, beugt Krankheiten vor (bei älteren Menschen), regt Leberfunktion an, entgiftet.
Anzahl Portionen: 4
Kalorien p. Portion   42
Gramm p. Portion   241,5
Kochdauer ca.   10 min
(Kohlehydrat:46,03% / Eiweiß & Fett:53,97%)
100g.≈ Eiweiß 1,77g. Fett:2,05g.
µg. - Ph:3,81 Na:0,41 Ka:29,78 Mg:3,2 Ca:5,37 Fe:0,22 Zn:0,01 Col.:0 Hsr.:2,85

Zutaten:
Zucchini 2-3 Stück / 500g. (empfehlenswert)
Zwiebel weiss 1 Stück / 50g. (ja)
Maiskeimöl 2 EL / 6g. (empfehlenswert)
Petersilie 1 EL / 7g. (ja)
Lauchzwiebel Schnittlauch 1 TL / 3g. (ja)
Wasser 1/2 Liter / 400g. (ja)

Kochanleitung:
Gehackte Zwiebel in Öl andünsten. In Scheiben geschnittene Zucchini zufügen und gut andünsten. Mit Wasser aufgießen. Petersilie und Schnittlauch grob gehackt zufügen und alles pürieren.

3.8 Brennnessel mit Mangold Suppe

Harntreibend, reinigt die Nieren, blutreinigend, entschlackend, unterstützend bei Prostatabeschwerden, hemmt die Bildung von Entzündungsstoffen, wirkt schmerzlindernd. Mangold unterstützt die Darmtätigkeit und reinigt den Darm.
Anzahl Portionen: 4
Kalorien p. Portion   52
Gramm p. Portion   230,38
Kochdauer ca.   30 Min.
(Kohlehydrat:41,21% / Eiweiß & Fett:58,79%)
100g.≈ Eiweiß 2,64g. Fett:2,87g.
µg. - Ph:5,68 Na:12,63 Ka:52,35 Mg:11,26 Ca:15,14 Fe:0,37 Zn:0,01 Col.:0 Hsr.:9,79

Zutaten:
Brennnessel 1 Handvoll / 10g. (ja)
Mangold 1/2 Kg. / 500g. (ja)
Salz 1 Prise / 1g. (wenig)
Wasser 1/2 Liter / 400g. (ja)
Olivenöl 1 EL / 10g. (ja)
Pfeffer gemahlen 1 Prise / 0,5g. ()

Kochanleitung:
In einem Topf das Öl erhitzen, den gewaschenen und fein geschnittenen Mangold dazugeben, salzen und 10 Min. köcheln lassen. Die gehackten Brennnesseln zufügen und weitere 10 Min. kochen. Mit Pfeffer würzen und pürieren.

3.9 Brokkolicrèmesuppe

Gegen Thrombose, fördert Schilddrüsenfunktion, stärkt das Immunsystem, fördert Aufbau und Erhalt von gesunden Knochen, Zähnen, Haaren und Nägeln. Senkt Blutdruck, bakterizid, beugt Krebs vor, reduziert Strahlenverletzungen.

Anzahl Portionen: 6
Kalorien p. Portion 98
Gramm p. Portion 251,25
Kochdauer ca. 30 min.
Allergene: LO
(Kohlehydrat:78,7% / Eiweiß & Fett:21,3%)
100g.≈ Eiweiß 4,18g. Fett:1,91g.
µg. - Ph:6,81 Na:2,68 Ka:26,22 Mg:8,36 Ca:32,5 Fe:0,16 Zn:0,01 Col.:0 Hsr.:2,7

Zutaten:
Olivenöl 2-3 EL / 7g. (ja)
Brokkoli 500 g. / 500g. (empfehlenswert)
Karotte (Mohrrübe, Möhre) 2 Stück / 150g. (empfehlenswert)
Kartoffel 2 Stück / 120g. (ja)
Zwiebel weiss 1 Stück / 50g. (ja)
Wasser 1 Tasse / 50g. (ja)
Grundrezept für eine Gemüsebrühe nahrhaft 1/2 Liter / 500g. (ja)
Weißwein 1/8 Liter / 125g. (wenig)
Salbei 1 TL / 2g. (ja)
Rosmarin 1 TL / 2g. (ja)
Pfeffer gemahlen 1 Prise / 0,5g. ()
Salz 1 Prise / 1g. (wenig)

Kochanleitung:
Olivenöl in die Pfanne geben, den gewaschenen und in Stücke geschnittenen Brokkoli, gewürfelte Karotten und Kartoffeln zugeben, kurz andünsten, klein geschnittene Zwiebel zufügen und alles mindestens drei fingerbreit mit Wasser auffüllen. Mit Brühe und ganz wenig Weißwein aufgießen und mit Salz, geschnittenem Salbei und Rosmarin würzen, aufkochen lassen und auf kleinem Feuer ca. 25 Min. köcheln lassen. Mit Pfeffer und evtl. noch mal Meersalz würzen und alles pürieren.

3.10 Chicoréesalat mit Orangen und Grapefruit

Liefert viele Mineralstoffe und steckt voller A-B-C Vitamine. Fördert Verdauung, lindert Alkoholvergiftung, senkt Blutzucker.
Anzahl Portionen: 1
Kalorien p. Portion   236
Gramm p. Portion   382
Kochdauer ca.   10 Min.
(Kohlehydrat:68% / Eiweiß & Fett:32%)
100g.≈ Eiweiß 3,7g. Fett:10,78g.
µg. - Ph:22,85 Na:2,92 Ka:172,02 Mg:12,65 Ca:27,13 Fe:0,47 Zn:0,16 Col.:0,03 Hsr.:16,1

Zutaten:
Chicorée 120 g. / 120g. (empfehlenswert)
Orange 1 Stück / 100g. (ja)
Grapefruit/Pampelmuse/Pomelo 1/2 Stück / 100g. (ja)
Zwiebel weiss 1 kleine / 30g. (ja)
Zitrone Saft 2-3 EL / 20g. (ja)
Pfeffer gemahlen 1 Prise / 0,2g. ()
Ingwer Pulver 1 Prise / 0,2g. (ja)
Zucker Kandis weiß 1 Messerspitze / 0,5g. (wenig)
Orange abgeriebene Schale 1 TL / 2g. (ja)
Olivenöl 1 EL / 10g. (ja)

Kochanleitung:
Chicorée waschen und kleinschneiden. Bio-Orangen und Grapefruit schälen, filetieren und mit dem Chicorée mischen. Aus Zitronensaft, Salz, Pfeffer, Ingwer, Zucker, gehackter Zwiebel und Öl eine Soße anrühren und untermischen. Den Salat mit Orangenschalenraspeln bestreuen.

3.11 Cranberrisaft

Antibakteriell, harntreibend. Gut bei Appetitlosigkeit, Arteriosklerose, Blasenentzündung, Durchfall, Fieber, Gicht, Magengeschwür, Mundschleimhautentzündung, Rheuma. Gegen freie Radikale, gegen Erkältung. Beugt Vitamin-C-Mangel vor.

Anzahl Portionen: 1
Kalorien p. Portion 43
Gramm p. Portion 160
Kochdauer ca. 5 Min.
(Kohlehydrat:98,46% / Eiweiß & Fett:1,54%)
100g.≈ Eiweiß 0,14g. Fett:0,02g.
µg. - Ph:2,06 Na:1,53 Ka:11,69 Mg:1,16 Ca:4,22 Fe:0,09 Zn:0,1 Col.:0 Hsr.:3,12

Zutaten:
Cranberries 2 EL / 25g. (ja)
Wasser 1 Tasse / 125g. (ja)
Honig 1 EL / 10g. (ja)

Kochanleitung:
Cranberries und etwas Wasser mit dem Pürierstab zu einem Brei mixen. Mit dem restlichen Wasser aufgießen und mit Honig süßen.

3.12 Erdbeer-Bananen-Mark

Reguliert Magen-Darm-Funktion, fördert Verdauung.

Anzahl Portionen: 10
Kalorien p. Portion 30
Gramm p. Portion 47
Kochdauer ca. 10 Min.
(Kohlehydrat:92% / Eiweiß & Fett:8%)
100g.≈ Eiweiß 0,45g. Fett:0,15g.
µg. - Ph:0,26 Na:0,02 Ka:2,55 Mg:0,24 Ca:0,21 Fe:0,01 Zn:0 Col.:0 Hsr.:0,24

Zutaten:
Banane 1 Stück / 200g. (ja)
Erdbeere 200 g / 200g. (empfehlenswert)
Orange 1/2 Stück / 70g. (ja)

Kochanleitung:
Banane schälen, Erdbeeren waschen, von den Stielen zupfen und beides in eine Rührschüssel geben. Den Orangensaft dazugießen und alles fein zermusen. Das Mark in einen Eiswürfelbereiter füllen und einfrieren. Die gefrorenen Würfel in eine Kühlbox umfüllen (bis zu 2 Monate haltbar). Kleine Portionen sind ideal zum Mischen mit Joghurt oder Quark.

3.13 Erdbeersuppe mit Melonen

Lindert Schmerzen und Entzündungen bei Rheuma, ist harntreibend, hilft bei Verstopfung.

Anzahl Portionen: 2
Kalorien p. Portion 87
Gramm p. Portion 285,5
Kochdauer ca. 5 Min.
(Kohlehydrat:86,25% / Eiweiß & Fett:13,75%)
100g.≈ Eiweiß 2,04g. Fett:0,84g.
µg. - Ph:11,96 Na:3,07 Ka:101,16 Mg:6,79 Ca:10,32 Fe:0,28 Zn:0,01 Col.:0 Hsr.:13,35

Zutaten:
Erdbeere 300 g. / 300g. (empfehlenswert)
Erdbeersaftgetränk 70 ml / 70g. (ja)
Zitrone Schale 1/4 TL / 1g. (ja)
Honigmelone 200 g / 200g. (ja)

Kochanleitung:
Erdbeeren (frisch oder tiefgekühlt) und Erdbeersaft mit dem Mixstab pürieren und etwas Zucker untermischen. Melonenfruchtfleisch in kleine Stücke schneiden. Die Erdbeersuppe portionsweise anrichten und Melonenwürfel in die süße Suppe setzen.

3.14 Fenchel-Reissuppe

Stärkt Magen, lindert Verstopfung, regt Nerven an, entgiftet, lindert Entzündungen, verbessert Durchblutung.

Anzahl Portionen: 2
Kalorien p. Portion 156
Gramm p. Portion 234
Kochdauer ca. 15-20 Min.
Allergene: EG
(Kohlehydrat:88,32% / Eiweiß & Fett:11,68%)
100g.≈ Eiweiß 3,57g. Fett:6,65g.
µg. - Ph:14,68 Na:32,47 Ka:82,14 Mg:105,79 Ca:110,69 Fe:0,54 Zn:0,06 Col.:1,92 Hsr.:4,9

Zutaten:
Grundrezept für eine Reissuppe (Congee) 300 ml. / 300g. (ja)
Fenchel 1/2 Stück / 150g. (empfehlenswert)
Butter Bio 1 EL / 15g. (ja)
Sojasauce 1 Schuss / 3g. (ja)

Kochanleitung:
Fenchel in der Reissuppe (nach Grundrezept) weich kochen. Vor dem Servieren ein Stück Butter und etwas Sojasoße zugeben.

3.15 Fruchtsuppe mit Kirschen, Logane und Lychee

Fördert die Durchblutung, lindert Entzündungen, befeuchtet und verbessert die Haut, stärkt Magen.

Anzahl Portionen: 2
Kalorien p. Portion 189
Gramm p. Portion 356
Kochdauer ca. 10 Min.
(Kohlehydrat:94% / Eiweiß & Fett:6%)
100g.≈ Eiweiß 2,1g. Fett:0,56g.
µg. - Ph:4,13 Na:0,5 Ka:27,41 Mg:1,65 Ca:2,35 Fe:0,05 Zn:0,02 Col.:0 Hsr.:2,37

Zutaten:
Kirsche 100 g. / 100g. (empfehlenswert)
Longane 100 g. / 100g. (ja)
Lychee 100 g. / 100g. (ja)
Zitrone Saft 1/2 / 10g. (ja)
Kirschsaft 1/8 Liter / 125g. (ja)
Zucker Ursüße (Zuckerrohr) süß 2 EL / 20g. (wenig)
Reisstärke 5 g. / 5g. (wenig)
Wasser 1/4 Liter / 250g. (ja)
Acerola Fruchtnektar oder Pulver 1 TL / 2g. (ja)

Kochanleitung:
Kirschen waschen, abtropfen lassen und entsteinen. Lychee und Logane schälen und entkernen. Wasser, Zucker, Früchte und Zitronensaft aufkochen, Stärke mit Wasser vermischen und unter Rühren zu den Früchten geben, 1 Min. aufkochen und dann abkühlen lassen und Acerola unterrühren.

3.16 Gemüse-Miso-Suppe mit Tofu

Sehr kräftigend, stärkt nach fiebriger Erkrankung, senkt Blutdruck, stärkt Immunsystem, beugt Krebs vor, reduziert Strahlenverletzungen, fördert Durchblutung, stärkt Magen, Leber und Nieren, entgiftet, stärkt Muskeln, lindert Blähungen.

Anzahl Portionen: 4
Kalorien p. Portion 107
Gramm p. Portion 247,75
Kochdauer ca. 15 Min.
Allergene: EN
(Kohlehydrat:22,33% / Eiweiß & Fett:77,67%)
100g.≈ Eiweiß 1,86g. Fett:9,4g.
µg. - Ph:3,93 Na:13,88 Ka:10,98 Mg:1,98 Ca:4,08 Fe:0,07 Zn:0,01 Col.:0 Hsr.:1,45

Zutaten:
Sesamöl 2 EL / 35g. (empfehlenswert)
Zwiebel Schalotte 1 Stück / 20g. (ja)
Karotte (Mohrrübe, Möhre) 1 Stück / 70g. (empfehlenswert)
Lauch (Porree) 5 cm / 10g. (weniger als angegeben)
Wasser 3/4 Liter / 750g. (ja)
Endiviensalat 2 EL / 30g. (ja)
Soja Tofu 2 EL / 30g. (weniger als angegeben)
Ingwer frisch 1/2 TL / 1g. (ja)
Miso 2 EL / 15g. (ja)

Kochanleitung:
In Sesamöl erst Zwiebeln, dann Karotten sowie den Lauch anbraten und mit Wasser aufgießen und leise köcheln lassen. Sojasprossen und Endivienblätter zugeben und ziehen lassen. Tofuwürfel und etwas Ingwer zugeben und zum Schluss in etwas abgekühltem Kochwasser gelöstes Miso einrühren.

3.17 Gemüsesaft

Fördert Verdauung, hilft Fett zu verdauen, harntreibend, senkt Blutdruck, bakterizid, stärkt Magen und Immunsystem, beugt Krebs vor, reduziert Strahlenverletzungen, vertreibt innere Kälte, wirkt anregend.
Anzahl Portionen: 1
Kalorien p. Portion 64
Gramm p. Portion 225
Kochdauer ca. 15 Min.
Allergene: L
(Kohlehydrat:82,23% / Eiweiß & Fett:17,77%)
100g.≈ Eiweiß 2,47g. Fett:0,44g.
µg. - Ph:33,92 Na:30,92 Ka:205,63 Mg:13,57 Ca:34,59 Fe:1,18 Zn:0,33 Col.:0 Hsr.:19,76

Zutaten:
Sellerie Knolle 20 g. / 20g. (empfehlenswert)
Karotte (Mohrrübe, Möhre) 100 g. / 100g. (empfehlenswert)
Tomate 100 g. / 100g. (empfehlenswert)
Knoblauch 1 Stück / 2g. (ja)
Salz 1 TL / 2g. (wenig)
Acerola Fruchtnektar oder Pulver 1/2 TL / 1g. (ja)

Kochanleitung:
Alle Zutaten schälen, mit dem Entsafter zu einem Getränk verarbeiten und Acerola unterrühren.

3.18 Geriebener Apfel

3 x tgl. essen, wirkt stopfend, bindet Wasser im Darm.
Anzahl Portionen: 1
Kalorien p. Portion 120
Gramm p. Portion 200
Kochdauer ca. 10 Min.
(Kohlehydrat:94,21% / Eiweiß & Fett:5,79%)
100g.≈ Eiweiß 0,6g. Fett:0,8g.
µg. - Ph:11 Na:3 Ka:144 Mg:6 Ca:7 Fe:0,5 Zn:0,1 Col.:0 Hsr.:15

Zutaten:
Apfel (sauer) 1 Stück / 200g. (empfehlenswert)

Kochanleitung:
Apfel (sauer) schälen und möglichst fein reiben. Danach mindestens 5 Min. stehen lassen, bis er braun geworden ist.

3.19 Grundrezept für eine nahrhafte Gemüsebrühe

Senkt Blutdruck und Blutfett, bakterizid, stärkt Immunsystem, beugt Krebs vor, stärkt Magen, löst Stagnation, fördert Gewichtsabnahme, hilft bei Appetitlosigkeit, Blähungen, Bluthochdruck, Depressionen, Diabetes, Durchfall.
Anzahl Portionen: 5
Kalorien p. Portion 48
Gramm p. Portion 240,6
Kochdauer ca. 2-3 Stunden
Allergene: L
(Kohlehydrat:71,3% / Eiweiß & Fett:28,7%)
100g.≈ Eiweiß 1,57g. Fett:1,31g.
µg. - Ph:4,86 Na:3,67 Ka:25,68 Mg:1,8 Ca:6,32 Fe:0,1 Zn:0,01 Col.:0 Hsr.:2,78

Zutaten:
Olivenöl 1 EL / 4g. (ja)
Zwiebel weiss 1 Stück / 60g. (ja)
Karotte (Mohrrübe, Möhre) 3 Stück / 200g. (empfehlenswert)
Pastinake 150 g. / 150g. (ja)
Sellerie Knolle 1 Tasse / 100g. (empfehlenswert)
Ingwer frisch 1/2 TL / 2g. (ja)
Zitrone 1/2 Stück / 25g. (ja)
Wacholderbeere 6 Stück / 6g. (empfehlenswert)
Thymian getrocknet 1 Prise / 1g. (ja)
Liebstöckel 1 EL / 3g. (ja)
Lorbeerblatt 2 Blätter / 1g. (ja)
Salz 1 Prise / 1g. (wenig)
Wasser 3/4 Liter / 650g. (ja)

Kochanleitung:
Gemüse würfelig schneiden. Öl in einem Topf erhitzen, die Zwiebel und das Gemüse darin anbraten, Ingwer und Lorbeer zugeben. Mit kaltem Wasser aufgießen, Zitronensaft zufügen und mit Wacholder, Thymian und Liebstöckel würzen. 2-3 Std. auf kleiner Stufe zugedeckt köcheln lassen. Brühe durch ein Sieb streichen und im Kühlschrank aufbewahren. Sie dient als Suppengrundlage und verfeinert Gemüse, Hülsenfrüchte oder Getreide.

3.20 Grundrezept für eine Reissuppe (Congee)

Niedriger Fettgehalt, zur Entwässerung des Körpers bei Übergewicht und Bluthochdruck.

Anzahl Portionen: 3
Kalorien p. Portion   140
Gramm p. Portion   273,33
Kochdauer ca.   2-4 Stunden
(Kohlehydrat:89,71% / Eiweiß & Fett:10,29%)
100g.≈ Eiweiß 2,96g. Fett:0,48g.
µg. - Ph:5,85 Na:0,58 Ka:5,02 Mg:3,41 Ca:1,72 Fe:0,03 Zn:0,02 Col.:0 Hsr.:6,34

Zutaten:
Reis Sorte beliebig 1 Tasse / 120g. (weniger als angegeben)
Wasser 6 Tassen / 700g. (ja)

Kochanleitung:
Man kocht Reis und Wasser in einem Verhältnis von etwa 1:6. Die Menge des Wassers bestimmt die Dicke des Breis (reine Geschmackssache). Der Reis quillt unwahrscheinlich auf, nehmen Sie also nicht viel. Geben Sie den Reis in einen Topf mit einem schweren Deckel. Wichtig ist, den Reis nach kurzem Aufkochen nur auf kleinster Stufe köcheln zu lassen, da er sonst anbrennt. Kochen Sie den Reis 2-4 Stunden. Je länger er kocht, desto stärkender wirkt er. Wenn Sie das Gericht zum Frühstück essen möchten, können Sie den Reis auch kurz vor dem Zubettgehen aufsetzen. Sicherheitshalber sollten Sie vorher einmal unter Beobachtung für eine ähnlich lange Zeit das Verhalten Ihres Topfes und Herdes prüfen, damit nichts anbrennt.

3.21 Gurkensalat

Gurke kühlt und befeuchtet, entgiftet, unterdrückt Umwandlung von Zucker in Fett, senkt Cholesterinspiegel, beugt Krebs vor, ist harntreibend. Dill wirkt gegen Blähungen, ist krampflösend bei Magen-Darm-Beschwerden.

Anzahl Portionen: 2
Kalorien p. Portion 27
Gramm p. Portion 206
Kochdauer ca. 5 min.
Allergene: O
(Kohlehydrat:68% / Eiweiß & Fett:32%)
100g.≈ Eiweiß 1,61g. Fett:0,4g.
µg. - Ph:5,92 Na:2,32 Ka:35,15 Mg:2,16 Ca:4,03 Fe:0,12 Zn:0,05 Col.:0 Hsr.:1,94

Zutaten:
Gurke 1 Stück / 400g. (empfehlenswert)
Salz 1 Prise / 1g. (wenig)
Dill 1 Prise / 1g. (ja)
Essig (Apfelessig) 1 EL / 10g. (ja)

Kochanleitung:
Bio-Gurke mit Schale, konventionelle Gurke schälen, dünn schneiden und würzen.

3.22 Gurkensuppe

Kühlt und befeuchtet, harntreibend, entgiftend, unterdrückt Umwandlung von Zucker in Fett, senkt Cholesterinspiegel, beugt Krebs vor, fördert Verdauung, schweißtreibend, reduziert Wind, gegen Hefepilzinfektionen.

Anzahl Portionen: 4
Kalorien p. Portion 96
Gramm p. Portion 235,38
Kochdauer ca. 20 min.
Allergene: M
(Kohlehydrat:22,18% / Eiweiß & Fett:77,82%)
100g.≈ Eiweiß 0,92g. Fett:9,03g.
µg. - Ph:2,67 Na:1,28 Ka:15,59 Mg:1,17 Ca:2,57 Fe:0,06 Zn:0,01 Col.:0 Hsr.:0,85

Zutaten:
Olivenöl 2 EL / 35g. (ja)
Gurke 2 Stück / 400g. (empfehlenswert)
Wasser 1/2 Liter / 500g. (ja)
Salbei 3 Blätter / 3g. (ja)
Senf 1/2 TL / 0,5g. (ja)
Koriander 1 Prise / 1g. (ja)

Kardamom 1 Prise / 1g. (ja)
Salz 1 Prise / 1g. (wenig)

Kochanleitung:
Öl erhitzen und die klein geschnittenen Gurken kurz darin anbraten.
Senfkörner, Koriander, Kardamom und Salz dazugeben
und kurz mitbraten. Mit dem Wasser übergießen und 10-15 Min.
köcheln lassen. Pürieren und mit frisch gehacktem Salbei garnieren.

3.23 Heidelbeermus

Heidelbeeren wirken abführend, Nelken lösen Stagnation, Zimtpulver erwärmt Magen und Milz. Baut Blut auf, fördert Durchblutung und Leitbahnfluss.

Anzahl Portionen: 1
Kalorien p. Portion 11
Gramm p. Portion 271,1
Kochdauer ca. 10 Min.
(Kohlehydrat:78,35% / Eiweiß & Fett:21,65%)
100g.≈ Eiweiß 0,2g. Fett:0,32g.
µg. - Ph:0,98 Na:1,01 Ka:5,56 Mg:1,09 Ca:6 Fe:0,06 Zn:0,1 Col.:0 Hsr.:1,48

Zutaten:
Heidelbeere 20 g. / 20g. (ja)
Zimtpulver 1 Prise / 0,1g. (ja)
Nelke 1 Stück / 1g. (ja)
Wasser 1/4 Liter / 250g. (ja)

Kochanleitung:
Heidelbeeren mit Zimt und Nelke im Wasser 10 Min. kochen. Zimt und Nelke entfernen, pürieren und nach Wunsch süßen.

3.24 Japanische Algensuppe

Nährt Nieren-Yin, kühlt Hitze, löst Verhärtungen. Senkt Blutdruck, bakterizid, stärkt Immunsystem, beugt Krebs vor, reduziert Strahlenverletzungen, fördert Verdauung, entgiftet und stimuliert das Immunsystem.

Anzahl Portionen: 3
Kalorien p. Portion 47
Gramm p. Portion 261,67
Kochdauer ca. 20 Min.
(Kohlehydrat:70% / Eiweiß & Fett:30%)
100g.≈ Eiweiß 3,01g. Fett:0,64g.
µg. - Ph:3,46 Na:14,26 Ka:12,31 Mg:1,31 Ca:2,98 Fe:0,08 Zn:0,03 Col.:0 Hsr.:1,16

Zutaten:
Wakame 25 g. / 25g. (ja)
Wasser 1/2 Liter / 450g. (ja)
Zwiebel Schalotte 1-2 Stk. / 30g. (ja)
Rettich (weiß, grün, lila-rot) 50 g. / 50g. (empfehlenswert)
Karotte (Mohrrübe, Möhre) 2 Stück / 180g. (empfehlenswert)
Miso 2 EL / 20g. (ja)
Petersilie 2 EL / 20g. (ja)
Zwiebel Frühlingszwiebel 1 EL geschnitten / 10g. (ja)

Kochanleitung:
Wakame einige Minuten in Wasser einweichen, herausnehmen und das Wasser zum Kochen bringen. Fein geschnittene Zwiebeln und in feine Streifen geschnittene Wakame, Rettich und Karotten zugeben und weitere 10 Min. köcheln. Miso in etwas abgekühltem Kochwasser lösen und am Ende dazugeben. Mit Petersilie und Frühlingszwiebeln bestreuen.

3.25 Karotten- Reisschleimsuppe

Gegen Durchfall, bei Fieber, bakterizid, stärkt Immunsystem, senkt Blutdruck.
Anzahl Portionen: 1
Kalorien p. Portion 101
Gramm p. Portion 224
Kochdauer ca. 10 Min.
(Kohlehydrat:96% / Eiweiß & Fett:4%)
100g.≈ Eiweiß 2,37g. Fett:0,4g.
µg. - Ph:27,48 Na:20,34 Ka:65,63 Mg:170,89 Ca:178,57 Fe:1,03 Zn:0,34 Col.:0 Hsr.:12,3

Zutaten:
Grundrezept für eine Reissuppe (Congee) 1 Tasse / 120g. (ja)
Karotte (Mohrrübe, Möhre) 2 Stück / 100g. (empfehlenswert)
Salz 1 TL / 4g. (wenig)

Kochanleitung:
Karotten schälen und reiben. Die Reissuppe aufkochen und die geriebenen Karotten sowie Salz zufügen. 10 Min. kochen.

3.26 Karottenrohkost

Stärkt Milz und Leber, senkt Blutdruck, bakterizid, stärkt Immunsystem, beugt Krebs vor, reduziert Strahlenverletzungen, stoppt Durchfall, fördert Verdauung, Appetit anregend, harmonisiert Magen.

Anzahl Portionen: 1
Kalorien p. Portion 74
Gramm p. Portion 154
Kochdauer ca. 10 Min.
(Kohlehydrat:91% / Eiweiß & Fett:9%)
100g.≈ Eiweiß 1,21g. Fett:0,41g.
µg. - Ph:26,57 Na:19,84 Ka:140,47 Mg:10,21 Ca:29,74 Fe:1,4 Zn:0,36 Col.:0 Hsr.:18,25

Zutaten:
Karotte (Mohrrübe, Möhre) 100 g. / 100g. (empfehlenswert)
Apfel (süß) 1 Stück / 50g. (empfehlenswert)
Zitrone Saft 2 TL / 3g. (ja)
Zuckerersatz (Süßstoff) 1 g. / 1g. (ja)

Kochanleitung:
Zitronensaft mit Süßstoff verrühren. Die gewaschenen, dünn geschälten Karotten und das Apfelstück in die Soße raspeln und untermischen.

3.27 Kartoffel-Basilikumsuppe

Lindert Entzündungen, fördert Verdauung, harntreibend, senkt Cholesterinspiegel und Blutdruck, bakterizid, stärkt Immunsystem, beugt Krebs vor, reduziert Strahlenverletzungen, antioxidativ, löst Stagnation.

Anzahl Portionen: 4
Kalorien p. Portion 96
Gramm p. Portion 330,12
Kochdauer ca. 25 min.
Allergene: L
(Kohlehydrat:68,68% / Eiweiß & Fett:31,32%)
100g.≈ Eiweiß 3,24g. Fett:2,99g.
µg. - Ph:7,65 Na:13,39 Ka:52,12 Mg:2,43 Ca:11,65 Fe:0,11 Zn:0,01 Col.:0 Hsr.:7,59

Zutaten:
Wasser 500 ml / 450g. (ja)
Kartoffel 4 Stück / 200g. (ja)
Karotte (Mohrrübe, Möhre) 2 Stück / 100g. (empfehlenswert)
Sellerie Knolle 1 Stück / 500g. (empfehlenswert)
Pfeffer gemahlen 1 Prise / 0,5g. ()
Kümmel 1 Prise / 1g. (ja)
Knoblauch 1 Zehe / 3g. (ja)
Salz 1 Prise / 1g. (wenig)

Zitrone 1 TL / 3g. (ja)
Basilikum (frisch) 1 Bund / 50g. (ja)
Paprika (Rosenpaprikapulver) 1 Prise / 1g. (ja)
Zucker Ursüße (Zuckerrohr) süß 1 Prise / 1g. (wenig)
Olivenöl 1 EL / 10g. (ja)

Kochanleitung:
4 mittelgroße Kartoffeln, 2 mittelgroße Karotten und 1 Stück Knollensellerie geschält und kleingeschnitten in heißes Wasser geben und zusammen mit einer Prise Pfeffer und Salz, einer Prise gemahlenem Kümmel, einer kleinen zerdrückten Knoblauchzehe und 1 TL Zitronensaft köcheln, bis das Gemüse weich ist. Von 1 Bund Basilikum (fein gehackt) eine Hälfte in die Suppe geben und alles pürieren. Die andere Hälfte anschließend unterrühren und mit Rosenpaprika, einer Prise Vollrohrzucker, 1 EL Olivenöl oder Butter, frisch gemahlenem Pfeffer und Salz abschmecken.

3.28 Kompott aus Äpfeln

Apfel (süß) stoppt Durchfall, fördert Verdauung, regt Appetit an, harmonisiert Magen, erwärmt Magen und Milz, fördert Durchblutung.
Anzahl Portionen: 2
Kalorien p. Portion   67
Gramm p. Portion   220,5
Kochdauer ca.   10 Min.
(Kohlehydrat:95,64% / Eiweiß & Fett:4,36%)
100g.≈ Eiweiß 0,24g. Fett:0,46g.
µg. - Ph:2,81 Na:1,03 Ka:36,45 Mg:1,81 Ca:4,33 Fe:0,13 Zn:0,03 Col.:0 Hsr.:3,74

Zutaten:
Apfel (süß) 1 Stück / 220g. (empfehlenswert)
Wasser 2 Tassen / 220g. (ja)
Zimtpulver 1 Prise / 1g. (ja)

Kochanleitung:
Bio-Apfel mit Schalen und Kernen klein geschnitten im Wasser weich kochen und mit Zimt bestreuen.

3.29 Kompott aus einheimischem Obst und Trockenfrüchten

Fördert Verdauung und Durchblutung, harntreibend, stoppt Durchfall, regt Appetit an, erwärmt Magen und Milz.

Anzahl Portionen: 4
Kalorien p. Portion 45
Gramm p. Portion 200,5
Kochdauer ca. 15 Min.
(Kohlehydrat:94% / Eiweiß & Fett:6%)
100g.≈ Eiweiß 0,3g. Fett:0,3g.
µg. - Ph:0,3 Na:0,1 Ka:3,15 Mg:0,19 Ca:0,4 Fe:0,01 Zn:0,01 Col.:0 Hsr.:0,35

Zutaten:
Apfel (süß) 1 Stück / 150g. (empfehlenswert)
Birne 1 Stück / 150g. (empfehlenswert)
Zimtpulver 1 Prise / 0,2g. (ja)
Zitrone Schale 1/2 TL / 2g. (ja)
Wasser 1/2 Liter / 500g. (ja)

Kochanleitung:
Den Apfel und die Birne mit den Trockenfrüchten weich kochen und mit Zimt und Zitronenschale (bio) bestreuen.

3.30 Kompott aus Kirschen

Fördert die Durchblutung, lindert Entzündungen, befeuchtet und verbessert die Haut. Erwärmt Magen und Milz.

Anzahl Portionen: 2
Kalorien p. Portion 31
Gramm p. Portion 170
Kochdauer ca. 10 Min.
(Kohlehydrat:92% / Eiweiß & Fett:8%)
100g.≈ Eiweiß 0,45g. Fett:0,15g.
µg. - Ph:1,33 Na:0,4 Ka:16,32 Mg:0,99 Ca:2,38 Fe:0 Zn:0,02 Col.:0 Hsr.:1,1

Zutaten:
Kirsche 100 g. / 100g. (empfehlenswert)
Wasser 2 Tassen / 240g. (ja)
Zimtpulver 1 Prise / 0,2g. (ja)

Kochanleitung:
Kirschen im Wasser weich kochen und mit etwas Zimt bestreuen.

3.31 Kompott aus Rhabarber

Fiebersenkend, schmerzlindernd, entgiftend, bakterizid.
Anzahl Portionen: 1
Kalorien p. Portion 48
Gramm p. Portion 230
Kochdauer ca. 15 Min.
(Kohlehydrat:92,32% / Eiweiß & Fett:7,68%)
100g.≈ Eiweiß 0,64g. Fett:0,1g.
µg. - Ph:11,22 Na:1,7 Ka:119,43 Mg:6,43 Ca:25,43 Fe:0,28 Zn:0,15 Col.:0 Hsr.:2,61

Zutaten:
Rhabarber 100 g. / 100g. (empfehlenswert)
Wasser 1 Tasse / 120g. (ja)
Honig 1 EL / 10g. (ja)

Kochanleitung:
Rhabarber waschen und klein schneiden. Im Wasser weich kochen, ein wenig abkühlen lassen und den Honig dazugeben.

3.32 Kürbissuppe

Fördert Verdauung, stärkt Magen und Milz, senkt Blutdruck, bakterizid, stärkt Immunsystem, beugt Krebs vor, reduziert Strahlenverletzungen, regeneriert Haut, senkt Cholesterinspiegel, senkt Blutzucker, schützt Leber.
Anzahl Portionen: 3
Kalorien p. Portion 104
Gramm p. Portion 236,33
Kochdauer ca. 1 Stunde
(Kohlehydrat:71% / Eiweiß & Fett:29%)
100g.≈ Eiweiß 2,54g. Fett:3,64g.
µg. - Ph:4,02 Na:0,96 Ka:24,72 Mg:1,82 Ca:2,89 Fe:0,08 Zn:0,02 Col.:0 Hsr.:1,08

Zutaten:
Kürbis 300 g. / 300g. (ja)
Karotte (Mohrrübe, Möhre) 2 Stück / 100g. (empfehlenswert)
Kartoffel 2 Stück / 120g. (ja)
Olivenöl 1 EL / 10g. (ja)
Zwiebel weiss 1 Stück / 50g. (ja)
Wasser 1 Tasse / 120g. (ja)
Petersilie 1 EL / 7g. (ja)
Anis (gemeiner Fenchel) 1 Prise / 1g. (ja)
Salz 1 Prise / 1g. (wenig)

Kochanleitung:
Olivenöl in einer Pfanne erhitzen. In Würfel geschnittenen Kürbis, gewürfelte Karotten und Kartoffeln dazugeben und kurz anbraten. Klein geschnittene Zwiebel zugeben, mit Wasser auffüllen (Gemüse mindestens drei fingerbreit bedecken), aufkochen und leise köcheln lassen. Mit Meersalz und einer Prise Anis würzen, klein geschnittene Petersilie dazugeben. Alles zusammen ca. 35 Min. köcheln lassen. Anschließend die Suppe pürieren und evtl. Wasser zugeben, je nach Konsistenz.

3.33 Reis-Congee mit Karotten und Fenchel

Stärkt und wärmt Magen, lindert Verstopfung, regt Nerven an, entgiftet, lindert Entzündungen, verbessert Durchblutung, senkt Blutdruck, bakterizid, stärkt Immunsystem, beugt Krebs vor, reduziert Strahlenverletzungen.

Anzahl Portionen: 3
Kalorien p. Portion 132
Gramm p. Portion 284,67
Kochdauer ca. 2 Stunden
Allergene: G
(Kohlehydrat:94,12% / Eiweiß & Fett:5,88%)
100g.≈ Eiweiß 4,18g. Fett:1,37g.
µg. - Ph:9,78 Na:9,7 Ka:55,1 Mg:64,86 Ca:68,94 Fe:0,4 Zn:0,03 Col.:0,09 Hsr.:3,77

Zutaten:
Grundrezept für eine Reissuppe (Congee) 1/2 Liter / 500g. (ja)
Karotte (Mohrrübe, Möhre) 2 Stück / 100g. (empfehlenswert)
Fenchel 1 Stück / 250g. (empfehlenswert)
Butter Bio 1 TL / 3g. (ja)
Kardamom 1/2 TL / 1g. (ja)

Kochanleitung:
Reis-Congee nach Grundrezept kochen. Karotten und Fenchel putzen und klein schneiden. Hinweis: Wenn Karotten und Fenchel von Anfang an mitgekocht werden, dienen sie der Bekömmlichkeit. Werden sie kurz vor Ende der Kochzeit zugegeben, bleiben Geschmack und Vitamine erhalten. Vor dem Servieren mit Butter und Kardamom verfeinern.

3.34 Reis-Congee mit Trockenfrüchten

Gut bei Durchblutungsstörungen, Durchfall, Fieber, Bluthochdruck, Kopfschmerzen, Husten. Zur Entwässerung des Körpers bei Übergewicht und Bluthochdruck, harntreibend.

Anzahl Portionen: 2
Kalorien p. Portion 210
Gramm p. Portion 304
Kochdauer ca. 10 Min.
Allergene: GO
(Kohlehydrat:95% / Eiweiß & Fett:5%)
100g.≈ Eiweiß 4,06g. Fett:2,65g.
µg. - Ph:5,99 Na:0,45 Ka:35,04 Mg:63,94 Ca:61,81 Fe:0,14 Zn:0,06 Col.:0,49 Hsr.:3,72

Zutaten:
Grundrezept für eine Reissuppe (Congee) 4 Tassen / 500g. (ja)
Butter Bio 1/2 EL / 5g. (ja)
Aprikose getrocknet 6 EL / 50g. (ja)
Wasser 1/2 Tasse / 50g. (ja)
Ahornsirup 1 Schuss / 3g. (ja)

Kochanleitung:
Reis-Congee nach Grundrezept kochen. Etwas Butter bei kleiner Flamme zerlassen und klein geschnittene Trockenfrüchte in ½ Tasse Wasser kurz dünsten. Die für die Mahlzeit gewünschte Menge an Reisbrei zugeben und erhitzen. Heiß servieren und bei Bedarf mit Ahornsirup nachsüßen. Variante: zusätzlich frisches Obst mit andünsten

3.35 Rhabarber-Apfel-Grütze

Liefert Antioxidantien und viel Vitamin C. Führt ab, kühlt Hitze, lindert Schmerzen, entgiftet, bakterizid, erwärmt Magen und Milz, fördert Durchblutung.

Anzahl Portionen: 2
Kalorien p. Portion 180
Gramm p. Portion 276,5
Kochdauer ca. 15 Min.
(Kohlehydrat:95,59% / Eiweiß & Fett:4,41%)
100g.≈ Eiweiß 1,2g. Fett:0,58g.
µg. - Ph:14,75 Na:1,5 Ka:93,5 Mg:7,43 Ca:12,73 Fe:0,29 Zn:0,07 Col.:0 Hsr.:6,21

Zutaten:
Rhabarber 200 g / 200g. (empfehlenswert)
Apfelsaft (Naturtrüb) 300 ml. / 300g. (ja)
Maisstärke 30 g. / 30g. (ja)
Honig 20 g. / 20g. (ja)

Vanillezucker natur 1 Prise / 0,5g. (ja)
Zimtpulver 1 Prise / 0,5g. (ja)
Pfefferminze 2 Blätter / 2g. (ja)

Kochanleitung:
Die Maisstärke mit ½ Tasse Apfelsaft glattrühren. Den Rhabarber mit einer Tasse Wasser 10 Min. dünsten, den restlichen Apfelsaft zufügen, mit der angerührten Stärke abbinden und nochmals aufkochen. Mit dem Honig süßen und mit Vanille und Zimt würzen. Die Grütze auf Dessertschälchen verteilen und mit Minze garnieren.

3.36 Rucolasalat mit Tomaten

Fördert Verdauung, hilft Fett zu verdauen, wirkt harntreibend und antioxidativ, senkt Blutdruck, zieht Adern zusammen, stärkt Muskeln, hilft bei Gastritis, Verstimmungen des Magens, Verstopfung, Blähungen und Sodbrennen.
Anzahl Portionen: 1
Kalorien p. Portion   129
Gramm p. Portion   241
Kochdauer ca.   10 Min.
Allergene: 0
(Kohlehydrat:42% / Eiweiß & Fett:58%)
100g.≈ Eiweiß 2,02g. Fett:10,36g.
µg. - Ph:25,81 Na:8,73 Ka:233,45 Mg:12,42 Ca:14,87 Fe:0,55 Zn:0,17 Col.:0,04 Hsr.:10,79

Zutaten:
Olivenöl 1 EL / 10g. (ja)
Pfeffer gemahlen 1 Prise / 0,2g. ()
Salz 1 Prise / 0,3g. (wenig)
Essig (Apfelessig) 1 Schuss / 1g. (ja)
Tomate 4 Stück / 200g. (empfehlenswert)
Rucola Rauke 2 Handvoll / 30g. ()

Kochanleitung:
In einer Salatschüssel Olivenöl, frisch gemahlenen Pfeffer, Salz, Essig und in kleine Würfel geschnittene Tomaten verrühren. Reichlich fein zerrupfte Rucolablätter untermengen. Varianten: Walnüsse untermengen. Shiitakepilze in feine Streifen schneiden. Eine Hälfte in etwas Butter braten und zusammen mit der anderen Hälfte roher Shiitake unter den Salat mengen. Anstelle von Shiitake können Champignons verwendet werden. Dazu passt: getoastetes Brot, Polenta.

3.37 Sellerie-Kartoffel-Cremesuppe

Senkt Blutdruck, stärkt Immunsystem, fördert Gewichtsabnahme. Gut bei Abwehrschwäche, Appetitlosigkeit, Blähungen, Depressionen, Diabetes, Durchfall, Verdauungsschwäche.

Anzahl Portionen: 4
Kalorien p. Portion 113
Gramm p. Portion 241,5
Kochdauer ca. 45 Min.
Allergene: GL
(Kohlehydrat:83,35% / Eiweiß & Fett:16,65%)
100g.≈ Eiweiß 2,16g. Fett:5,52g.
µg. - Ph:5,96 Na:3,46 Ka:23,98 Mg:22,27 Ca:83,51 Fe:0,18 Zn:0,02 Col.:0 Hsr.:1,49

Zutaten:
Olivenöl 1 EL / 10g. (ja)
Zwiebel weiss 1/2 Stück / 25g. (ja)
Grundrezept für eine Gemüsebrühe nahrhaft 700 ml. / 700g. (ja)
Kartoffel 200 g / 200g. (ja)
Muskatnuss 1 Prise / 0,5g. (ja)
Kümmel 1 Prise / 0,5g. (ja)
Zitrone Schale 1/4 Stück / 1g. (ja)
Creme fraîche 2 EL / 20g. (weniger als angegeben)
Salz 1 Prise / 1g. (wenig)
Petersilie 1 EL / 8g. (ja)

Kochanleitung:
Das Olivenöl in einem Topf leicht erhitzen und Zwiebelwürfel darin bei milder Hitze ganz weich dünsten. Mit Gemüsebrühe (nach Grundrezept) aufgießen und zugedeckt 15 Min. köcheln lassen. Kartoffelwürfel, kleingeschnittenen Sellerie, Muskat, Kümmel und Zitronenschale zugeben und zugedeckt weitere 12 Min. leicht kochen. Kartoffeln und Sellerie sollen weich sein, aber nicht zerfallen. Zitronenschale entfernen, mit dem Mixstab oder im Mixer die Suppe mit Crème fraîche fein pürieren und mit Salz abschmecken. Suppe portionsweise mit der kleingehackten Petersilie anrichten.

3.38 Selleriesalat mit Zitrone und Olivenöl

Mineral- und vitaminreich, stoffwechselfördernd und entwässernd.
Anzahl Portionen: 1
Kalorien p. Portion 402
Gramm p. Portion 250
Kochdauer ca. 10 Min.
Allergene: L
(Kohlehydrat:13% / Eiweiß & Fett:87%)
100g.≈ Eiweiß 2,46g. Fett:40,28g.
μg. - Ph:39,12 Na:105,84 Ka:279,64 Mg:10,56 Ca:64,56 Fe:0,43 Zn:0,1 Col.:0,16 Hsr.:56,8

Zutaten:
Sellerie Knolle 1/2 Stück / 200g. (empfehlenswert)
Zitrone Saft 1/2 Stück / 10g. (ja)
Olivenöl 4 EL / 40g. (ja)

Kochanleitung:
Sellerieknolle schälen, in Stücke schneiden und reiben. Mit Zitronensaft und Olivenöl anrichten.

3.39 Spinat mit Sesammus (Tahin)

Fördert Ausscheidung, fördert Durchblutung, stärkt Magen und Darm, reinigt Blut, verbessert Bauchspeicheldrüsenfunktion, verbessert Verdauung, senkt Cholesterinspiegel und ist ein sanftes Abführmittel.
Anzahl Portionen: 4
Kalorien p. Portion 150
Gramm p. Portion 336,25
Kochdauer ca. 20 Min.
Allergene: N
(Kohlehydrat:67% / Eiweiß & Fett:33%)
100g.≈ Eiweiß 8,9g. Fett:3,7g.
μg. - Ph:2,88 Na:1,83 Ka:19,37 Mg:1,71 Ca:4,46 Fe:0,12 Zn:0,02 Col.:0 Hsr.:2,47

Zutaten:
Kartoffel 500 g. / 500g. (ja)
Salz 1 Prise / 0,2g. (wenig)
Wasser 1/4 Liter / 25g. (ja)
Spinat 1 Kg / 800g. (ja)
Sesam Paste (Tahini) 2 EL / 20g. (ja)

Kochanleitung:
Kartoffeln kochen und schälen. Wasser erhitzen und Spinat darin blanchieren. Wasser gut abtropfen lassen und mit Sesammus verrühren.

3.40 Tee aus Basilikum

Wirkt wohltuend bei Blähungen und Übelkeit, entkrampft und beruhigt.

Anzahl Portionen: 4
Kalorien p. Portion 0
Gramm p. Portion 125,5
Kochdauer ca. 10 Min.
(Kohlehydrat:58,11% / Eiweiß & Fett:41,89%)
100g.≈ Eiweiß 0,01g. Fett:0g.
µg. - Ph:0,04 Na:0,26 Ka:0,29 Mg:0,26 Ca:1,49 Fe:0 Zn:0,01 Col.:0 Hsr.:0

Zutaten:
Basilikum 1 TL / 2g. (ja)
Wasser 1/2 Liter / 500g. (ja)

Kochanleitung:
Wasser zum Kochen bringen und beiseite stellen. Basilikum dazugeben und 10 Min. ziehen lassen. Abseihen und nach Geschmack mit Honig süßen.

3.41 Tee aus Grüntee

Fördert Verdauung, harntreibend, löst Schleim, entgiftet, regt Nerven an, reduziert Blutfett, senkt Cholesterinspiegel, lindert Entzündungen.

Anzahl Portionen: 1
Kalorien p. Portion 3
Gramm p. Portion 122
Kochdauer ca. 10 Min.
(Kohlehydrat:20% / Eiweiß & Fett:80%)
100g.≈ Eiweiß 0,01g. Fett:0g.
µg. - Ph:5,61 Na:1,07 Ka:27,59 Mg:4,07 Ca:9,43 Fe:0,04 Zn:0,1 Col.:0 Hsr.:0

Zutaten:
Grüner Tee 1 TL / 2g. (ja)
Wasser 1 Tasse / 120g. (ja)

Kochanleitung:
Pro Tasse verwendet man einen Teelöffel voll oder einen Teebeutel. Grüntee nur mit 60-80 Grad heißem Wasser aufbrühen, da er sonst bitter wird. Soll der Tee eine anregende Wirkung haben, lässt man ihn 2-3 Min. ziehen. Eher beruhigend wirkt er bei einer Ziehdauer von 5 Min. (nicht länger, sonst wird er bitter!). Eine andere Methode: Man übergießt die Teeblätter mit ca. 70 Grad heißem Wasser und gießt es sofort wieder ab. Dann einfach noch mal heißes Wasser nachgießen. Die Bitterstoffe verschwinden und der Tee bekommt ein milderes Aroma.

3.42 Tee aus Schwarztee (Russischer Tee)

Schwarztee fördert Durchblutung.
Anzahl Portionen: 1
Kalorien p. Portion 8
Gramm p. Portion 125
Kochdauer ca. 10 Min.
(Kohlehydrat:2,52% / Eiweiß & Fett:97,48%)
100g.≈ Eiweiß 1,28g. Fett:0,26g.
µg. - Ph:11,92 Na:1,2 Ka:72,32 Mg:7,96 Ca:16,52 Fe:0,08 Zn:0,11 Col.:0 Hsr.:13,12

Zutaten:
Schwarztee 1 EL / 5g. (ja)
Wasser 1 Tasse / 120g. (ja)

Kochanleitung:
Pro Tasse verwendet man einen Teelöffel voll oder einen Teebeutel. Den Tee nur mit 60 bis 80 Grad heißem Wasser übergießen, da er sonst bitter wird. Soll der Tee eine anregende Wirkung haben, lässt man ihn 2 bis 3 Min. ziehen. Eher beruhigend wirkt er bei einer Ziehdauer von 5 Min. (nicht länger, sonst wird er bitter!). Eine andere Methode: Man übergießt die Teeblätter mit ca. 70 Grad heißem Wasser und gießt das Wasser sofort wieder ab. Dann einfach noch mal heißes Wasser nachgießen. Die Bitterstoffe verschwinden und der Tee bekommt ein milderes Aroma.

3.43 Tomatensuppe

Fördert Verdauung, hilft Fett zu verdauen, senkt Blutdruck, löst Stagnation, antioxidativ, harntreibend.
Anzahl Portionen: 2
Kalorien p. Portion 100
Gramm p. Portion 290
Kochdauer ca. 10 min.
(Kohlehydrat:42% / Eiweiß & Fett:58%)
100g.≈ Eiweiß 1,78g. Fett:7,9g.
µg. - Ph:4,2 Na:1,2 Ka:31,36 Mg:1,99 Ca:3,85 Fe:0,07 Zn:0,04 Col.:0,01 Hsr.:1,47

Zutaten:
Olivenöl 1 EL / 15g. (ja)
Zwiebel weiss 1 Stück / 60g. (ja)
Zimtpulver 1 Prise / 1g. (ja)
Basilikum (frisch) 1 TL / 2g. (ja)
Pfeffer gemahlen 1 Prise / 0,5g. ()
Salz 1 Prise / 1g. (wenig)
Tomate 5 Stück / 250g. (empfehlenswert)
Wasser 250 g. / 250g. (ja)
Paprika (Rosenpaprikapulver) 1 Prise / 1g. (ja)

Kochanleitung:
Die kleingeschnittene Zwiebel im Olivenöl in einem Topf anrösten, Salz und Gewürze zufügen und kurz mitrösten. Gewaschene und geviertelte Tomaten zugeben und kurz anbraten. 250 ml Wasser heißes Wasser zufügen, 15 Min. kochen lassen und dann pürieren.

3.44 Vitamindrink

Reguliert Magen-Darm-Funktion, stärkt Milz und Leber, senkt Blutdruck, bakterizid, stärkt Immunsystem, beugt Krebs vor.
Anzahl Portionen: 3
Kalorien p. Portion   172
Gramm p. Portion   273,33
Kochdauer ca.   5 Min.
(Kohlehydrat:91,86% / Eiweiß & Fett:8,14%)
100g.≈ Eiweiß 2,79g. Fett:0,57g.
µg. - Ph:9,44 Na:2,63 Ka:80,69 Mg:7,39 Ca:10,07 Fe:0,28 Zn:0,03 Col.:0 Hsr.:6,17

Zutaten:
Orangensaft 300 ml. / 300g. (ja)
Karotte (Mohrrübe, Möhre) 200 g. / 200g. (empfehlenswert)
Banane 2 Stück / 300g. (ja)
Kiwi 1 Stück / 20g. (ja)

Kochanleitung:
Orangen, Karotten, Bananen und die Kiwi grob zerkleinern und mit dem Mixstab fein pürieren.

3.45 Wärmende Karottensuppe

Stärkt und wärmt, senkt Blutdruck, bakterizid, stärkt Immunsystem, beugt Krebs vor, reduziert Strahlenverletzungen, stärkt Magen-Darm-Funktion.

Anzahl Portionen: 3
Kalorien p. Portion 133
Gramm p. Portion 274,67
Kochdauer ca. 30 min
Allergene: HL
(Kohlehydrat:78,77% / Eiweiß & Fett:21,23%)
100g.≈ Eiweiß 2,17g. Fett:7,87g.
µg. - Ph:8,57 Na:6,92 Ka:27,55 Mg:25,11 Ca:97,93 Fe:0,4 Zn:0,03 Col.:0 Hsr.:2,99

Zutaten:
Karotte (Mohrrübe, Möhre) 4 Stück / 250g. (empfehlenswert)
Walnussöl 2 EL / 20g. (ja)
Zwiebel Schalotte 2 Stück / 40g. (ja)
Anis (gemeiner Fenchel) 1/2 TL / 1g. (ja)
Muskatnuss 1 Prise / 1g. (ja)
Ingwer frisch 1/2 TL / 1g. (ja)
Salz 1 Prise / 1g. (wenig)
Grundrezept für eine Gemüsebrühe nahrhaft 1/2 Liter / 500g. (ja)
Petersilie 1 EL / 10g. (ja)

Kochanleitung:
Walnussöl in einem Topf erhitzen und die kleingeschnittenen Zwiebeln darin anbraten. Karotten gewürfelt zufügen. Anis, Muskat, etwas Ingwer und Salz zugeben. Wasser oder Gemüse- bzw. Fleischbrühe zugeben. Alles weich kochen und dann pürieren. Am Ende Petersilie unterheben.
Empfehlung: Die Suppe eignet sich für die kalte Jahreszeit, vor allem, wenn man als Flüssigkeit zum Aufgießen Fleischbrühe verwendet.

4 Wirkung der Lebensmittel

4.1 Zutaten verwenden: empfehlenswert

Apfel (sauer)
Apfel (süß)
Apfelmus
Birne
Blattsalate (bitter)
Blumenkohl (Karfiol)
Bohnenkraut
Borretsch
Brokkoli
Brombeere
Chicorée
Chinakohl
Erdbeere
Feldsalat
Fenchel
Flaschenkürbis
Gemüsesaft
Gurke
Gurke (bitter)
Gurke (Gewürzgurke)
Hagebutte
Hagebuttentee
Himbeere
Johannisbeere (rot)
Johannisbeere (schwarz)
Johannisbeere (weiß)
Karotte (Frühkarotte)
Karotte (Mohrrübe, Möhre)
Karottensaft ohne Zucker
Kirsche
Kirsche (sauer)
Kohlrabi
Kohlrübe
Kopfsalat

Kräuterteemischung
Leinöl
Maiskeimöl
Paprika
Pfirsich
Pfirsich (Dose)
Pflaume
Preiselbeere
Preiselbeersaft
Radicchio
Radieschen
Rapsöl
Rettich (weiß, grün, lila-rot)
Rettich Meerrettich (Kren)
Rhabarber
Rosenkohl
Rote Rübe
Rotkohl
Sellerie Knolle
Sellerie Stangensellerie
Sesamöl
Spargel (grün oder weiß)
Speiserüben
Tomate
Vogerlsalat (Pflücksalat)
Wacholderbeere
Wachskürbis
Wassermelone
Weißkohl/Weißkraut
Weizenkeimöl
Wildkräuter
Wirsing/Grünkohl
Zucchini
Zwetschken

4.2 Zutaten verwenden: ja

Acerola Fruchtnektar oder Pulver
Agavendicksaft
Ahornsirup
Aloesaft
Ananas
Ananas (aus der Dose)
Ananassaft ungezuckert
Andornkraut
Angelikawurzel

Anis (gemeiner Fenchel)
Apfelsaft (Naturtrüb)
Aprikose
Aprikose getrocknet
Aprikosen Marmelade
Aprikosennektar
Artischocke
Aubergine
Austernschalenpulver

Avocado
Backpulver
Baldrian
Bambussprossen
Banane
Banane Kochbanane
Banchatee
Bärentraubenblätter
Bärlauch (Knoblauchspinat)
Basilikum
Basilikum (frisch)
Bataviasalat
Beeren der Saison
Beerensaft
Benediktinerdistel
Berberitzenrindetee
Birnensaft
Bitter Lemon
Bitterklee
Bitterorangenschale
Blütenpollen
Bocksdornfrüchte (Fructus Lycii) getrocknet
Bockshornklee
Bohnenöl
Borretschöl
Boxhornkleesamen
Bratöl
Brennnessel
Brombeerblätter
Brombeere getrocknet (unreife)
Brombeermarmelade
Brot mit Johannisbrotkernmehl
Butter (halbfett)
Butter Bio
Champignon
Channa-Dal
Chenpi (chinesische Mandarinenschale)
Chili (Schote oder gemahlen)
Chlorella (Süßwasser)
Chrysanthemenblütentee
Clementinen
Colagetränk (kalorienarm)
Cranberries
Cumin (Kreuzkümmel)
Curry
Currypaste rot
Dashi
Datteln getrocknet
Datteln rot
Dill
Distelöl
Eisbergsalat

Endiviensalat
Enzianwurzel
Erdbeermarmelade
Erdbeersaftgetränk
Erdnussöl
Essig (Apfelessig)
Essig (Rotweinessig)
Essig Aceto Balsamico
Essig Aceto Balsamico weiss
Essiggurke
Estragon
Färberdiestel (Hong Hua)
Färberginsterkraut
Feige
Feige getrocknet
Fenchelsamen gemahlen
Fencheltee
Flohsamen
Früchtetee
Fruchtzucker (Fruktose, Traubenzucker)
Gagelpflaume
Galgant
Gänseblümchen
Garam Masala Pulver
Gelee Royal
Gerstengras Pulver
Gewürznelke
Ginkgofrucht
Ginsengwurzel
Glühweingewürzmischung
Granatapfel
Grapefruit getrocknete Schale
Grapefruit/Pampelmuse/Pomelo
Grapefruitsaft
Grüner Tee
Guave
Heidelbeere
Heidelbeere getrocknet
Heidelbeermarmelade
Heidelbeersaft
Hibiskustee
Himbeerblättertee
Himbeere getrocknet (unreife)
Himbeermarmelade
Hiobsträne (Samen) YiYi Ren
Hokkaidokürbis
Holunderbeeren
Holunderblütentee
Honig
Honigmelone
Hopfen
Ingwer frisch
Ingwer Pulver

Ingweröl
Jakobstränen
Jasminblütentee
Johannisbeermarmelade (rot)
Johannisbeermarmelade (schwarz)
Johannisbeernektar (schwarz)
Johannisbrotkernmehl
Kakao
Kaki-Pflaume
Kaktusfeige
Kalmus
Kamille
Kapern (eingelegt)
Kapuzinerkresse
Karambole/Sternfrucht
Karausche
Kardamom
Kartoffel
Kartoffel (mehlige)
Kartoffelmehl
Käsepappeltee
Kastanien (Maronen)
Kerbel
Kerbel getrocknet
Kirschenkompott
Kirschsaft
Kiwi
Klementine
Klettenwurzeltee
Knäckebrot
Knoblauch
Kombualge
Kompott (Früchte der Saison)
Koriander
Koriandergrün
Korinthen (rot)
Korinthen (schwarz)
Kräuter bittere
Kräuter der Provence
Kräuter verschiedene
Kräuter Wildkräuter
Kresse
Kukichatee
Kümmel
Kümmel gemahlen
Kumquat
Kürbis
Kürbiskernöl
Kurkuma (Gelbwurz)
Kuzu
Lauchzwiebel Schnittlauch
Laugengebäck
Lavendelblüten
Leberglättertee

Leinsamen
Leinsamen (geschrotet)
Liebstöckel
Liebstöckelsamen
Lindenblütentee
Löffelbiskuit
Longane
Loquate/Japanische Mispel
Lorbeerblatt
Lotossamen
Lotoswurzeln
Löwenzahn (junger)
Löwenzahnsaft
Löwenzahnwurzeltee
Luohan-Frucht
Lychee
Lychee (Konserve)
Maishaartee
Maisstärke
Majoran
Makannastern Samen
Malventee
Malz
Mandarine
Mango
Mangold
Mangopulver
Mangosaft
Margarine
Margarine (Diät)
Marillen
Marillensaft
Maulbeerfrucht
Melisse
Mineralwasser
Mirabelle
Miso
Miso schwarz (fermentiert)
Mispel
Mixed Pickels
Moosbeere
Mu-Erh-Pilz
Mungbohnensprossen
Muskatnuss
Nachtkerzenöl
Nektarine
Nelke
Nori, Purpurtang, Rotalge
Obstmischung Fruchtsaft
Odermennig
Okra
Oliven
Oliven grün
Olivenöl

Orange
Orange abgeriebene Schale
Orange getrocknete Schale
Orange Schale
Orangenblüten
Orangenmarmelade
Orangensaft
Oregano frisch
Oregano getrocknet
Palmöl
Papaya
Paprika (Rosenpaprikapulver)
Paprika (süß)
Passionsblumenblütentee
Passionsfrucht (Maracuja)
Pastinake
Peperoni
Peperoni, gelb, entkernt, halbiert
Peperoni, rot, entkernt, halbiert
Petersilie
Petersilienwurzel
Pfeffer Cayenne
Pfeffer Körner
Pfeffer weiss (gemahlen)
Pfefferminze
Pfefferminztee
Pfeilwurzelmehl
Pflaume getrocknet
Piment
Preiselbeermarmelade
Puddingpulver Vanille
Quitte
Reineclaude
Reishi
Rettich schwarz
Rettichblätter (vom Wochenmarkt)
Römersalat/Lattich-Salat
Rosenblättertee
Rosenblütentee
Rosinen
Rosmarin
Rote Grütze (ohne Zucker)
Safran
Sake
Salbei
Salz Kräutersalz
Sanddorn
Sauerampfer
Sauerkirsche
Sauerkraut
Schafgarbe
Schafgarbentee
Schlehdorn
Schwarzkümmel

Schwarztee
Schwarzwurzel
Schwedenkraut (Schwedenbitter)
Senf
Senf Dijon
Senf mittelscharf
Senf süß
Senfsamen
Sesam Paste (Tahini)
Sesamöl geröstet
Sojaöl
Sojasauce
Sonnenblumenöl
Spinat
Spitzwegerichtee
Stachelbeere
Sternanis
Stevia (Süßkraut)
Süßholzwurzeltee
Süßkartoffel
Tabasco
Teemischung Harnsäuresenkend
Thymian
Thymian getrocknet
Tomate getrocknet
Tomatenmark
Tomatenpüre
Tomatensaft
Tonicwasser
Trauben rot
Trauben weiß
Traubenkernöl
Traubensaft rot
Traubensaft weiß
Trüffel
Umeboshipaste
Umeboshipflaumen (Japanaprikosen)
Vanille
Vanillepulver
Vanilleschote
Vanillezucker natur
Vogelmiere
Wakame
Walderdbeeren
Walnussöl
Wasser
Wasser heiss
Weißdorn
Weißwurz
Weizengrassaft
Wermutkraut
Yamswurzel, Yamswurzelknolle
Yogitee
Ysop

Zimtpulver
Zimtstange
Zitrone
Zitrone Saft
Zitrone Schale
Zitrone, Limette
Zitronengras
Zitronenmelisse (frisch)
Zitronenmelisse (getrocknet)

Zucker Fructose Fruchtzucker
Zucker Glukose Traubenzucker
Zucker Milchzucker
Zuckerersatz (Süßstoff)
Zwiebel Frühlingszwiebel
Zwiebel rot
Zwiebel Schalotte
Zwiebel weiss

4.3 Zutaten verwenden: wenig

Bier (alkoholarm)
Bier (alkoholfrei)
Bier (Altbier)
Bier (Pils)
Bitterlikör
Campari
Colagetränk
Fernet Branca (Kräuterbitterlikör)
Ginsenglikör
Honigwein (Met)
Kokosfett
Lycheelikör
Malzbier
Martini
Prosecco
Reisstärke

Rotwein
Rum
Salz
Schnaps
Sherry
Weißwein
Weizen Bier
Wermut
Zucker (Staubzucker)
Zucker (weiß, aus Rüben)
Zucker braun
Zucker Kandis weiß
Zucker Melasse
Zucker Palmzucker
Zucker Ursüße (Zuckerrohr) süß

4.4 Kontraindikativ wirkende Lebensmittel nicht verwenden

Aal
Aal geräuchert
Adzukibohnen
Agar-Agar, Agartang
Amaranth
Amaranth POPS
Astronautenkost
Austern
Austernpilze
Barsch
Blätterteig
Bohnen (grün, frisch)
Brie
Brösel (Weizenbrot, Semmel)
Brötchen (Semmel)
Buchweizen
Buchweizen (geröstet) Kasha
Buchweizen Vollkorn
Bulgur (Getreide)
Buschbohnen
Butterbohnen weiße
Buttermilch

Butterschmalz
Calamari
Camembert
Cashewnüsse
Couscous
Creme fraiche
Dinkel
Dinkel Brot
Dinkel Flocken
Dinkel Gries
Dinkel Vollkornmehl
Dornhai (Seeaal, Schillerlocken)
Dorsch
Dulse (Lappentang)
Edamer
Emmentaler
Ente (Frühmastente, schlachtfrisch)
Ente (Herz)
Entenei
Erbse, grün
Erbsen
Erdnuss (geröstet)

Erdnussbutter
Erdnüsse
Fasan
Feta
Fisch Innereien
Fischreste
Fischsouce
Fischstücke gemischt (Süßwasser)
Flunder
Forelle
Forelle (geräuchert)
Frischkäse
Frischkäse aus Soja
Frischkäse mit Kräuter
Gans
Gans (Gänseklein)
Gans (Gänseschmalz)
Gänseblut
Gänseei
Garnele
Gelatine weiss
Gerste
Gerste (Nacktgerste)
Gerste (Perlgerste)
Gerstengraupen
Gerstengrütze
Gerstenmalz
Gerstenmehl
Getreidekaffee
Gorgonzola
Gouda
Graskarpfen
Grundrezept für eine Entenbrühe
Grünkern
Hafer
Hafer Flocken (Vollkorn)
Hafer Flocken geröstet
Hafer Mehl
Hafer Milch
Hafer Schmelzlocken (Babynahrung)
Hafer Schrot
Haifisch
Hammel
Hase
Hase, wild
Haselnüsse
Hefe
Heilbutt
Hering
Hijiki
Hirsch Fleisch
Hirsch Knochen
Hirsch Nieren
Hirse

Hirseflocken
Huhn Blut
Huhn Ei
Huhn Eigelb
Huhn Eiweiß
Huhn Fleisch
Huhn Herz
Huhn Leber
Huhn Magen
Hummer
Hüttenkäse
Joghurt (natur, 1,5 % Fett)
Joghurt (natur, 3,5 % Fett)
Kabeljau
Kaffee
Kaffeeweißer
Kaninchen Fleisch
Kaninchen Leber
Karpfen
Kaviar
Kefir
Kichererbsen
Kokosflocken
Kokosmilch
Kokosnussfleisch
Kokosraspeln
Krabbe
Krake
Kuhmilch (1,5 % Fett)
Kuhmilch (Vollmilch 3,5 % Fett)
Kürbiskerne
Lachs
Lamm Fleisch
Lamm Knochen
Lamm Leber
Lamm Nieren
Lamm Schulter
Languste
Lauch (Porree)
Limabohnen
Linsen (Helmbohnen)
Linsen gelb
Linsen rot
Linsen schwarz
Magermilchpulver
Mais
Mais (geröstet)
Mais (Schnellpolenta)
Mais Gries (Polenta)
Mais Mehl (Maizena)
Makrele
Mandelmilch
Mandelmus
Mandeln

Mandeln Marzipan
Maniokmehl
Mayonnaise 50%
Mayonnaise 80%
Meeräsche
Meereskrebs
Mehrkornbrot (Graubrot)
Miesmuscheln
Mittelmeerfisch (Kabeljau, Scholle, Schellfisch, Mohn
Molke
Morchel (schwarz, getrocknet)
Mozzarella
Mungbohne
Müsli
Nierenbohnen (rote)
Nudeln (Vollkorn) mit Ei
Nudeln (Weizen) mit Ei
Nudeln (Weizen, Bandnudeln) mit Ei
Nudeln (Weizen, Lasageneblätter) mit Ei
Nudeln (Weizen, Spagetti) mit Ei
Paranuss
Parmesan
Pferd Fleisch
Pfifferlinge/Eierschwammerl
Pinienkerne
Pintobohnen gesprenkelt
Pistazien
Pumpernickel
Pute Brustfleisch
Pute Schinken
Qualle
Quargel 20%
Quinoa
Reh Fleisch
Reis Basmatireis
Reis Duftreis
Reis Gaoliangreis (Sorghum)
Reis Klebreis
Reis Langkornreis
Reis Reisschleim
Reis Roter
Reis Rundkornreis
Reis Schwarzer
Reis Sorte beliebig
Reis Süßer
Reis Vollkorn
Reis Wilder (Naturreis)
Reismalz
Reismehl
Reisnudeln
Rind (Kalb)
Rind Filet
Rind Fleisch

Rind Fleischknochen
Rind Herz
Rind Herz (Kalb)
Rind Knochenmark
Rind Leber
Rind Lunge (Kalb)
Rind Magen
Rind Niere
Rind Ochsenschwanzstücke
Rind Suppenfleisch
Roggen
Roggen Vollkornbrot
Roggenmehl
Rotbarsch
Sago (Getreide)
Sahne 10% Kaffeesahne
Sahne sauer 10%
Sahne sauer 20%
Sahne sauer 30%
Sahne, süß 30%
Sardellen/Sardine
Saubohnen (Dicke Bohnen)
Sauermilch
Sauerrahm 15% Fett
Sauerteig
Schaffleisch
Schafmilch Joghurt
Schafskäse
Schafsmilch
Schimmelkäse
Schmelzkäse 12%
Schmelzkäse 30%
Schnecke
Schokolade
Schokolade (Diabetiker)
Scholle
Schwarzaugenbohnen
Schwarze Bohnen
Schwarzer Fungu Pilz
Schwein Blut
Schwein Bratwurst
Schwein Darm
Schwein Fett
Schwein Fleisch
Schwein Haut
Schwein Haxe (Eisbein)
Schwein Herz
Schwein Hirn
Schwein Leber
Schwein Lunge
Schwein Magen
Schwein Markknochen (Röhrenknochen)
Schwein Mettwurst

Schwein Nieren
Schwein Schinken
Schwein Schinken gekocht
Schwein Schinken geselcht
Schwein Schinkenspeck
Schwein Schmalz
Seegurke
Sesam, Schwarzer
Sesam, Weißer
Shiitake, getrocknet
Shrimps
Silbermorchel, getrocknet
Soja Cuisine (Soja-Sahne)
Soja Tofu
Soja Tofu geräuchert
Sojabohne
Sojabohnen, Gelbe
Sojabohnen, Schwarze
Sojabohnen, Schwarze, fermentiert
Sojabohnenmilch
Sojacreme
Sojamehl
Soja-Nudeln
Sojapaste (Miso)
Sonnenblumenkerne
Stangenbohnen (Fisolen)
Steinpilz/Herrenpilz
Stutenmilch
Süßwasserfisch
Süßwasserkrebs
Taube
Taube Ei
Thunfisch
Tintenfisch
Toastbrot (Vollkorn)
Topfen (Quark) 20%
Topfen (Quark) 40%

Tsampa (geröstetes Gerstenmehl)
Vollkornbrot
Vollkornbrot mit ganzen Körner
Vollkornmehl
Wachtel
Wachtel Ei
Walnüsse
Walnüsse geröstet
Weißbrot (Weizenbrot)
Weißbrot Baguette
Weißbrot Brösel (Weizenbrot)
Weißbrot Knödelbrot (Weizenbrot)
Weißbrot Salzstangerl
Weißbrot Semmel
Weiße Bohnen
Weißfischchen
Weizen
Weizen Bulgurweizen
Weizen Fladenbrot
Weizen Flocken
Weizen Gras Pulver
Weizen Gries
Weizen Gries - Kindergries
Weizen Mehl
Weizen Mehl Vollkorn
Weizen/Roggen Grau- Schwarzbrot mit Hefe
Weizenkleie
Wildschwein Fleisch
Ziege
Ziegen- und Schafsblut
Ziegen- und Schafshirn
Ziegen- und Schafsleber
Ziegen- und Schafsmagen
Ziegen- und Schafsmilch
Ziegenkäse
Zwieback

5 Komplementär

5.1 Heil-Tee (Aufguss)

5.1.1 Schafgarbe

Blutreinigend, blutstillend, krampflösend, Gefäß tonisierend.
Hilft bei Verdauungsschwäche, Blähungen, Diabetes, Durchfall, Verstopfung, Wundheilung, Blutungen.
Manche Menschen reagieren empfindlich auf Schafgarbe, welches sich als allergische Reaktion auf der Haut bemerkbar macht. Die Schafgarbe hat einen sehr würzigen Geschmack und eignet sich daher vor allem als Zutat für Kräutersalze, Kräuterbutter, Brotaufstriche oder Gewürzessig. Verwende dafür die jungen Blätter. Auch im Salat oder zu Gemüsegerichten passt Schafgarbe.
In der Schwangerschaft nur in Rücksprache mit dem Arzt oder der Hebamme verwenden.

5.2 Komplementäre Anwendung

5.2.1 Apitherapie

Die Heilwirkung von Honig, Propolis, Blütenpollen, Gelee Royale und Bienengift: Propolis hat starke antibakteriellen, pilzhemmende und antiallergischen Eigenschaften und unterstützt dadurch jeden Heilungsprozess.
Das Heilen mit Bienenprodukten ist eine der ältesten Therapieverfahren. Die Heilwirkung von Honig, Propolis, Blütenpollen, Gelee Royale und Bienengift sind lange bekannt. Propolis hat starke antibakteriellen, pilzhemmende und antiallergischen Eigenschaften und unterstützt dadurch jeden Heilungsprozess. Blütenpollen ist aufgrund seines Reichtums an essentiellen Aminosäuren, sekundären Pflanzenstoffen (u. a. Flavonoide), organisch gebundenen Mineralstoffen und Vitaminen ein wichtiges Mittel zur Stärkung der Abwehrkräfte. Das Wachstum von Krebszellen (Neuroblastom) könnte gehemmt werden. Der Wirkstoff Artepillin C soll die Bildung neuer Blutgefäße im Tumor hemmen, was zum Aushungern und damit zur Schrumpfung führen kann. Heute weiß man, dass die Entstehung bestimmter Krebsarten im Zusammenhang mit Viren steht. In dem Propolis seine antivirale Wirkung entfaltet, kann eine krebsvorbeugende und krebshemmende Wirkung entstehen.

5.3 Speisezugabe

5.3.1 Oregano frisch

Er wirkt verdauungsfördernd, beruhigend und nervenstärkend, gegen krampfartige Magen- und Darmbeschwerden. Der Inhaltsstoff Carvacrol wirkt entzündungshemmend.
2 TL Oregano (getrockneter) mit 250 ml kochendem Wasser zubereiten.
1 TL Honig nach Bedarf.
Wirkstoffe: äth. Öl, Gerbstoffe, Bitterstoffe
Er wirkt verdauungsfördernd, beruhigend und nervenstärkend. Das beste Aroma hat er zur Blütezeit. Oregano ist das typische Pizzagewürz. Es passt zu Fleisch, in Suppen und Eintöpfe, zu Tomaten, Zucchini und Erbsen. Auch die aromatischen rosa bis weißen Blüten werden verwendet. Beim Kochen entfaltet sich das Aroma.
Die innerliche Anwendung sollte bei Schwangeren vermieden werden. Hautreizung möglich. Nicht überdosieren.

6 Grundlagen der Ernährung

Die hier beschriebenen Grundlagen der Ernährung zeigen allgemeine Empfehlungen und beziehen sich nicht auf eine spezielle Therapieform. Die Empfehlungen der Therapie haben Vorrang.

6.1 Ernährung

Die regelmäßige Einnahme von Mahlzeiten in entspannter Atmosphäre. Ein wärmendes Frühstück gilt als guter Start in den Tag. Mittags sollte die Hauptmahlzeit stattfinden - das Abendessen am frühen Abend.

Die Beachtung von Hunger- und Sättigungsgefühlen: Nicht überessen und nicht hungern, so lautet die Regel.

Die frische Zubereitung der Speisen aus naturbelassenen, regionalen Produkten. Tiefgekühlte, hitzekonservierte, industriell vorgefertigte oder mikrowellengegarte Lebensmittel werden gemieden.

Die Auswahl von Lebensmittel nach der Jahreszeit: Im Sommer mehr kühlende Nahrung, im Winter mehr wärmende Nahrung.

Mindestens zweimal am Tag Gekochtes essen. Speisen und Getränke sollen möglichst handwarm, niemals eiskalt oder heiß sein.

Rohkost, kurz gegartes Gemüse, frisch gepresste Säfte und Mineralwasser werden üblicherweise nicht empfohlen. Milch und Milchprodukte stehen nur dann auf dem Speiseplan, wenn sie problemlos vertragen werden.

Therapeutische Rezepte nicht über einen längeren Zeitraum ohne Rücksprache mit dem Arzt oder Therapeuten einnehmen.

1. Vielseitig essen
Lebensmittelvielfalt genießen. Merkmale einer ausgewogenen Ernährung sind abwechslungsreiche Auswahl, geeignete Kombination und angemessene Menge nährstoffreicher und energiearmer Lebensmittel. (Einerseits Schutz vor Unterversorgung mit essentiellen Nährstoffen und andererseits Schutz vor einer überhöhten Zufuhr unerwünschter Inhaltsstoffe.)

2. Reichlich Getreideprodukte - und Kartoffeln
Brot, Nudeln, Reis, Getreideflocken (am besten aus Vollkorn), sowie

Kartoffeln enthalten kaum Fett, aber reichlich Vitamine, Mineralstoffe, Spurenelemente sowie Ballaststoffe und sekundäre Pflanzenstoffe. Diese Lebensmittel sollten mit möglichst fettarmen Zutaten verzehrt werden.

3. Gemüse und Obst - Nimm "5" am Tag ...
5 Portionen Gemüse und Obst am Tag, möglichst frisch, nur kurz gegart, oder auch eine Portion als Saft – idealerweise zu jeder Hauptmahlzeit und auch als Zwischenmahlzeit: Damit werden reichlich Vitamine, Mineralstoffe sowie Ballaststoffe und sekundären Pflanzenstoffe (z.b. Carotinoiden, Flavonoiden) zugeführt. Das Beste, was man für die eigene Gesundheit tun kann.

4. Täglich Milch und Milchprodukte, ein- bis zweimal in der Woche
Fisch; Fleisch, Wurstwaren sowie Eier in Maßen. Diese Lebensmittel enthalten wertvolle Nährstoffe, wie z.B. Calcium in Milch, Jod, Selen und Omega-3-Fettsäuren in Seefisch. Fleisch ist wegen des hohen Beitrags an verfügbarem Eisen und an den Vitaminen B1, B6 und B12 vorteilhaft. Mengen von 300 - 600 g Fleisch und Wurst pro Woche reichen hierfür aus. Fettarme Produkte bevorzugen, vor allem bei Fleischerzeugnissen und Milchprodukten.

5. Wenig Fett und fettreiche Lebensmittel
Fett liefert lebensnotwendige (essenzielle) Fettsäuren und fetthaltige Lebensmittel enthalten auch fettlösliche Vitamine. Fett ist besonders energiereich, daher kann zu viel Nahrungsfett Übergewicht fördern, möglicherweise auch Krebs. Zu viele gesättigte Fettsäuren fördern langfristig die Entstehung von Herz-Kreislauf-Krankheiten. Pflanzliche Öle und Fette bevorzugen (z.B. Raps-, Oliven- und Sojaöl und daraus hergestellte Streichfette). Auf unsichtbares Fett achten, das in Fleischerzeugnissen, Milchprodukten, Gebäck und Süßwaren sowie in Fast-Food- und Fertigprodukten meist enthalten ist. Insgesamt 70 - 90 Gramm Fett pro Tag reichen aus.

6. Zucker und Salz in Maßen
Nur gelegentlich Zucker und Lebensmittel, bzw. Getränke verzehren, die mit verschiedenen Zuckerarten (z.B. Glucose Sirup) hergestellt wurden. Kreativ mit Kräutern und Gewürzen und wenig Salz würzen. Jodiertes Speisesalz bevorzugen.

7. Reichlich Flüssigkeit
Wasser ist absolut lebensnotwendig. Jeden Tag rund 1-2 Liter Flüssigkeit trinken. Wasser (ohne oder mit Kohlensäure) und andere kalorienarme Getränke bevorzugen. Alkoholische Getränke sollten nicht konsumiert

werden.

8. Schmackhaft und schonend zubereiten
Die jeweiligen Speisen bei möglichst niedrigen Temperaturen garen, soweit es geht kurz, mit wenig Wasser und wenig Fett - das erhält den natürlichen Geschmack, schont die Nährstoffe und verhindert die Bildung schädlicher Verbindungen.

9. Sich Zeit nehmen und das Essen genießen
Bewusstes Essen hilft, richtig zu essen. Auch das Auge isst mit. Sich beim Essen Zeit lassen. Das macht Spaß, regt an, vielseitig zuzugreifen und fördert das Sättigungsempfinden.

10. Auf das Gewicht achten und in Bewegung
Ausgewogene Ernährung, viel körperliche Bewegung und Sport (30 bis 60 Minuten pro Tag) gehören zusammen. Mit dem richtigen Körpergewicht fühlt man sich wohl und fördert die Gesundheit.
Thermik, Wirkrichtung, Verdauungskraft
Es gibt unterschiedliche Kriterien, die Wirksamkeit von Kräutern und Lebensmittel zu beurteilen. Der Einsatz der Kräuter und Zutaten basiert auf Beobachtung, was die Lebensmittel, Kräuter und Gewürze nach ihrem Verzehr im Körper bewirken. In der Medizin hat sich daraus folgendes System entwickelt: Jede Zutat oder Kraut hat eine Wirkrichtung. Außerdem gibt es noch Kräuter, die eine besondere Wirkung auf bestimmte Organe haben.

Voraussetzung für einen gesunden Stoffwechsel ist es, darauf zu achten, dass wir ausreichend Energie aus der Nahrung gewinnen und der Verdauungsprozess so wenig Energie wie möglich verbraucht. Eine bekömmliche Mahlzeit macht zufrieden und satt, verursacht keine Blähungen und keine Müdigkeit nach dem Essen. Richtiges Würzen erhöht die Bekömmlichkeit unserer Speisen. Es genügen oft schon geringe Mengen an Kräutern und Gewürzen. Sie dienen nicht dazu, uns satt zu machen, sondern helfen unseren Verdauungsorganen, die Nahrung zu verdauen.

6.2 Rezepte

Die Rezepte zeigen Ihnen welche Zutaten verwendet werden sowie mit der Kochanleitung wie diese zubereitet werden. Bei den Zutaten wird neben den Mengenangaben auch die Wichtigkeit für die Therapie angezeigt. Wenn dabei angezeigt wird "weniger als angegeben" versuchen Sie diese Empfehlung einzuhalten oder eine Alternative aus der Liste der "Empfohlenen Lebensmittel" zu finden. Meistens ist es nur eine leichte geschmackliche Änderung wenn Sie diese Zutat gänzlich weglassen.

Schonende Kochmethoden: Kochen, dämpfen, pochieren, dünsten
Scharfe Kochmethoden: Grillen, rösten, anbraten, räuchern
Ausgeglichene Kochmethoden: Frittieren, Römertopf

Auf das Einfrieren und erwärmen in der Mikrowelle sollte verzichtet werden (Denaturierung).

6.3 Lebensmittel

Lebensmittel wirken wie Heilkräuter auf Körper und Geist, nur wesentlich sanfter. Die Ernährungsberatung stützt sich hauptsächlich auf heimische Lebensmittel. Das Wissen über die Wirkungsweisen jedes einzelnen Lebensmittels und das Wissen wann welche Lebensmittel zur Anwendung kommen, entstammt der Schulmedizin. Verwende Sie möglichst Erzeugnisse aus ökologischen-biologischem Landbau.

Da wegen der besseren Verdaulichkeit grundsätzlich alles lange gekocht und kaum roh gegessen wird, ist die Verträglichkeit hervorragend.

Die Einteilung der Lebensmittel entsprechend ihrer Wirkung auf den Körper und bildet die Basis, um einen ausgewogenen und harmonischen Gesundheitszustand im Körper zu erreichen.

Grundsätzlich empfiehlt die Ernährungsberatung keine bestimmten Lebensmittel für Jedermann. Ausschlaggebend für den individuellen Speiseplan ist vor allem die persönliche Konstitution.

Kaufen Sie nur frisches und reifes Obst und Gemüse ein. Braune Stellen, welke Blätter aber auch unreifes Obst und Gemüse sollten Sie im Supermarkt zurücklassen. Greifen Sie dann zu Tiefkühlware (keine Fertiggerichte!). Tiefkühlobst und -gemüse werden kurz nach dem Ernten schockgefroren und enthalten deshalb oftmals mehr Vitamine und Mineralstoffe, als die Ware aus der Obst- und Gemüsetheke! Konserven- und Dosenware dagegen enthält wesentlich weniger Biostoffe. Zudem werden Letztere meist mit Salz, Zucker usw. angereichert. Lassen Sie die Zutaten nach dem Waschen nie im Wasser liegen, denn so gehen viele Vitalstoffe ins Wasser über! Putzen Sie Salate, Früchte und Gemüse erst unmittelbar vor Verzehr.

Beachten Sie bitte die hygienische Verarbeitung der Lebensmittel. Waschen Sie Ihre Salate, Früchte und Gemüse gründlich. Bei Gerichten mit Fleisch bereiten Sie zuerst die Zutaten vor und verarbeiten dann die Fleischprodukte. Reinigen Sie danach die Arbeitsflächen und Werkzeuge besonders gründlich. Holzunterlagen sollten regelmäßig mit leichtem Desinfektionsmittel behandelt werden um die Keimbildung einzuschränken.

Bewahren Sie Obst und Gemüse möglichst getrennt voneinander auf. Auch geerntete Früchte und Gemüse leben und strömen z.b. Ethylengas aus, das andere Sorten schneller reifen und altern lässt. Fleisch und Fisch in der verschlossenen Verpackung lassen oder in luftdichten Boxen im Kühlschrank aufbewahren.

6.4 Kräuter

Bei der Aufbewahrung und Lagerung von Heilkräutern, müssen gewisse Grundregeln beachtet werden. Grundsätzlich müssen Heilkräuter geschützt vor direkter Sonneneinstrahlung, vor Feuchtigkeit und vor heißen Temperaturen gelagert werden.

Als Gefäße für die Lagerung von Heilkräutern können Gläser, Keramik-Behälter und zur Not auch Plastik-Dosen eingesetzt werden. Plastik ist aber ein sehr unreines Material und sollte daher wirklich nur eine kurzfristige Notlösung sein. Bei Glasbehältern ist darauf zu achten, dass dunkles Glas verwendet wird.

Heilkräuter können nicht beliebig lange aufbewahrt werden. Die Haltbarkeit von Heilkräutern ist auf jeden Fall begrenzt. Durch die Haltbarkeitsdauer kann durch sachgerechte Lagerung wesentlich erhöht werden. So soll der Lagerplatz dunkel, eher kühl und absolut trocken sein. Ein Medizinschrank aus Holz, der nicht direkt bei einer Wärmequelle platziert ist wäre ideal. Um Ihre Heilkräuter nicht wegwerfen zu müssen, kaufen Sie nicht zu große Mengen an Heilpflanzen. Beschriften Sie die Behälter mit dem Namen des Heilkrauts und dem Datum der Ernte bzw. der Verarbeitung.

7 Weitere Ernährungsvorschläge

Folgende Syndrome der Diätetik, der TCM oder als Therapieergänzung bei Krebs sind verfügbar.

DIÄTETIK
1. Ernährung des Säuglings - Beikost
2. Ernährung in der Stillzeit
3. Ernährung im Alter
4. Ernährung von Kindern und Jugendlichen
5. Ernährung von Sportlern
6. Leichte Vollkost
7. Schwangerschaft
8. Vollkost

Eiweiß und Elektrolyt – Nieren
9. (Hämo-)Dialysebehandlung
10. Akutes Nierenversagen
11. Chronische Niereninsuffizienz
12. Nephrotisches Syndrom
13. Nierensteine (Nephrolithiasis)

Gastrointestinaltrakt - Bauchspeicheldrüse
14. Akute Pankreatitis (Entzündung der Bauchspeicheldrüse)
15. Chronische Pankreatitis (Entzündung der Bauchspeicheldrüse)

Gastrointestinaltrakt - Dünndarm und Dickdarm
16. Akute Obstipation (Verstopfung)
17. Chronische Obstipation (Verstopfung)
18. Colon irritabile
19. Divertikulitis
20. Erworbene Laktoseintoleranz (Laktosemalabsorption)
21. Fruktosemalabsorption
22. Glutensensitive Enteropathie (Zöliakie)
23. Kolektomie
24. Kurzdarmsyndrom

Gastrointestinaltrakt - Leber, Gallenblase, Gallenwege
25. Akute und chronische Hepatitis (Entzündung der Leber)
26. Cholelithiasis (Gallensteine)
27. Fettleber
28. Leberzirrhose

Gastrointestinaltrakt - Magen und Zwölffingerdarm
29. Akute Gastritis
30. Chronische Gastritis
31. Magenblutung
32. Ulcus ventriculi und Ulcus duodeni
33. Zustand nach Magenoperation

Gastrointestinaltrakt - Mundhöhle und Speiseröhre
34. Mundschleimhautentzündung
35. Ösophaguskarzinom (Speiseröhrenkrebs)
36. Reflüxösophagitis (Sodbrennen)

spezielle Krankheiten
37. Phenylketonurie (PKU)
38. Rheumatische Gelenkserkrankungen

Stoffwechsel
39. Adipositas (Übergewicht)
40. Diabetes mellitus
41. Essstörungen (Untergewicht)
Fettstoffwechsel
42. Hypercholesterinämie (erhöhter Cholesterinspiegel)
43. Hepatische Enzephalopathie
Herz- und Kreislauf
44. Arteriosklerose (Arterienverkalkung)
45. Herzinsuffizienz
46. Hypertonie (Bluthochdruck)
47. Hyperurikämie und Gicht
veränderter Nährstoffbedarf
48. bei Fieber
49. bei malignen Erkrankungen
50. nach Verbrennungen
51. Strahlen- und Chemotherapie

KREBS
100. Bauchspeicheldrüse
101. Blasenkrebs
102. Blutkrebs (Leukämie)
103. Brustkrebs
104. Darmkrebs
105. Magenkrebs
106. Nierenkrebs
107. Speiseröhrenkrebs

TCM
200. Blase - Feuchte Hitze in der Blase
201. Blase - Feuchtigkeit und Kälte in der Blase
202. Blase - Leere und Kälte in der Blase
203. Dickdarm - äussere Kälte befällt den Dickdarm
204. Dickdarm - Feuchte Hitze im Dickdarm
205. Dickdarm - Hitze blockiert den Dickdarm II akut
206. Dickdarm - Trockenheit des Dickdarms
207. Dickdarm - Yang Mangel (Kälte)
208. Herz - Blut Mangel
209. Herz - Blut Stagnation
210. Herz - Feuer
211. Herz - Heisser Schleim verstopft die Herzporen
212. Herz - Kalter Schleim verstopft die Herzporen
213. Herz - Qi Mangel
214. Herz - Yang Mangel
215. Herz - Yin Mangel
216. Leber - aufsteigender Leber-Yang
217. Leber - Blut-Mangel
218. Leber - Blut-Stagnation
219. Leber - feuchte Hitze in Leber und Gallenblase
220. Leber - Feuer
221. Leber - Gallenblase Qi-Leere
222. Leber - Kälte im Lebermeridian
223. Leber - Qi-Stagnation

224. Leber - Wind
225. Leber - Wind mit aufsteigendem Leber Yang
226. Leber - Wind mit Blutleere
227. Leber - Wind mit extremer Hitze
228. Lunge - Qi Mangel
229. Lunge - Schleim-Feuchtigkeit in der Lunge
230. Lunge - Schleim-Hitze in der Lunge
231. Lunge - Schleim-Kälte in der Lunge
232. Lunge - Trockenheit der Lunge
233. Lunge - Wind-Hitze befällt die Lunge
234. Lunge - Wind-Kälte befällt die Lunge
235. Lunge - Yin Mangel
236. Magen - Blutstagnation
237. Magen - Feuer
238. Magen - Magenkälte mit Flüssigkeit
239. Magen - Nahrungsstagnation
240. Magen - Qi Mangel
241. Magen - rebellierendes Magen Qi
242. Magen - Yin Leere
243. Milz - Hitze und Feuchtigkeit befällt die Milz
244. Milz - Kälte und Feuchtigkeit befällt die Milz
245. Milz - Qi Mangel
246. Milz - Qi Mangel + Absinkendes MilzQi
247. Milz - Qi Mangel + Milz kontrolliert das Blut nicht
248. Milz - Yang Mangel
249. Niere - Herz und Niere kommunizieren nicht mehr
250. Niere - Jing Mangel
251. Niere - Nieren können das Qi nicht empfangen
252. Niere - Qi ist nicht fest
253. Niere - Yang Mangel
254. Niere - Yin Mangel